The Best Practice Tests
for the Japanese-Language Proficiency Test

インターカルト
日本語学校
Intercultural
Institute of Japan

沼　大　筒
田　村　井
宏　礼　由
　　子　美
　　　　子
Hiroshi Numata　Reiko Ohmura　Yumiko Tsutsui

JLPT N1 日本語能力試験 ベスト模試

the japan
times
PUBLISHING

著者

インターカルト日本語学校

　1977年日本語学校、1978年日本語教員養成研究所創立。年間60を超える国々より留学生を受け入れている。また、日本語教育のテキスト・参考書の作成や、e-ラーニング教材の開発なども手掛けている。

筒井由美子：インターカルト日本語学校校長、インターカルト日本語教員養成研究所所長を経て、現在、アメリカにて日系アメリカ人子弟を対象としたバイリンガル教育に携わる。

大村　礼子：インターカルト日本語学校教師。インターカルト日本語学校において、教材開発（e-ラーニングを含む）、問題作成、日本語能力試験対策授業の実施、日本語能力試験対策書籍作成などに携わる。

沼田　宏：インターカルト日本語学校専任講師を経て、インターカルト日本語教員養成研究所所長。日本語能力試験・日本留学試験対策授業の実施、日本語教育能力検定試験対策講座などに携わる。

JLPT 日本語能力試験ベスト模試 N1
The Best Practice Tests for the Japanese-Language Proficiency Test N1

2019年6月5日　初版発行
2020年8月5日　第2刷発行

著　者：インターカルト日本語学校／筒井由美子・大村礼子・沼田宏

発行者：伊藤秀樹

発行所：株式会社 ジャパンタイムズ出版
　　　　〒102-0082 東京都千代田区一番町2-2
　　　　一番町第二TGビル 2F
　　　　電話 (050)3646-9500（出版営業部）

ISBN978-4-7890-1717-6

First edition: June 2019
2nd printing: August 2020

Narrators: Sayuri Miyako, Yuki Minatsuki, Kimiyoshi Kibe, Daisuke Takahashi and Shogo Nakamura
Recordings: The English Language Education Council
Translations: Umes Corp.
Layout design and typesetting: Soju Co., Ltd.
Cover design: Masakazu Yamanokuchi (tobufune)
Printing: Nikkei Printing Inc.

Published by The Japan Times Publishing, Ltd.
2F Ichibancho Daini TG Bldg., 2-2 Ichibancho, Chiyoda-ku, Tokyo 102-0082, Japan
Phone: 050-3646-9500
Website: https://jtpublishing.co.jp

ISBN978-4-7890-1717-6

Printed in Japan

はじめに　Preface

日本語能力試験N1を受験する学習者の皆さんへ
To everyone planning to take JLPT N1

　本書『JLPT日本語能力試験ベスト模試N1』は、日本語能力試験N1の絶対合格を目標とし、厳選された問題による模擬試験3回分と、その解説で構成されています。

　各問題は、過去の能力試験で実際に出題されたものを基にして、同じ形式で作成しました。そしてその上で、さらに発展的な問題も加えました。これは、本来の日本語能力をつけるためです。というのは、出題形式に慣れることは重要ですが、それが固定してしまって少し異なる視点からの問いに戸惑うようだと、本当の力がついてないということになるからです。つまり、試験本番で自分の持つ実力を発揮し、合格点を取るためには、どのような問いの形式にも対応できる真の日本語力が必要なのです。本書は、そのような真の力の習得を狙っています。

　学習者の皆さんがこの本を十分活用して日本語能力試験N1に合格し、それぞれの夢を実現させていくことを、心から願っています。

　The Best Practice Tests for the Japanese-Language Proficiency Test (JLPT) N1 offers you three practice tests filled with rigorously selected questions and commentary on them, all dcsigned to help you pass the actual test with flying colors.

　All practice questions are based on ones that have previously appeared in the real JLPT, and follow the same structure. Also, some expanded questions have been added to further evolve your Japanese language proficiency. This is because while it is important to accustom yourself to the format of the test, if you focus too much on the same types of questions over and over, you could end up sacrificing the fundamental competencies needed for real-world communication—which means you might stumble when encountering test problems presented from an unfamiliar angle. In other words, to fully leverage your abilities and succeed in the actual JLPT, you need to possess bona fide Japanese language skills that empower you to tackle any style of question. This book was created precisely to foster those skills.

　We hope that you will make the most of this book and that it will help you to pass JLPT N1 and achieve your dreams!

2019年5月　May 2019　インターカルト日本語学校　Intercultural Institute of Japan

筒井由美子 Yumiko Tsutsui

大村礼子 Reiko Ohmura

沼田宏 Hiroshi Numata

もくじ　Contents

本書の特長と使い方

模擬試験に挑戦！

◆模擬試験の目的は？

模擬試験を受ける → 自分の苦手な科目や、合格に必要な力と今の実力の差を知る → 本試験までの効率的な学習計画を立て、苦手分野を重点的に勉強する → 本試験を受ける → 合格！

◆模擬試験にどう臨む？

練習ではなく、本試験を受けるのと同じ気持ちで！

🖐 本試験と同じように、集中できる環境で行う。

🖐 時間を計り、本試験と同じ時間内で終わらせる。

◆3回分をいつ使う？

日程例

| 第1回 | 本試験4～5か月前 ⇒ | 第2回 | 本試験2か月前 ⇒ | 第3回 | 本試験2～3週間前 |

🖐 一度に3回分を解いてしまわないように。

🖐 少し間を空けて受けて、点数の変化で学習成果をチェック。

◆どのくらい点をとればいい？

基準点と合格点：「採点表」(p. 44, 80, 115) 参照

しかし 本試験では模擬試験より点が低くなる → 基準点・合格点より10～20%上を目指そう！

「解説」の特長と科目別学習のヒント

本書の「解説」を活用して学習を広げてください。間違えた問題はもちろんですが、正しく答えられた問題でも、解説を読んで学習方法を獲得することで、実力を確実なものにすることができます。

解説の例（言語知識）

【強】キョウ・ゴウ・つよ-い・し-いる
※「キョウ」と読む語が圧倒的に多い。キョウ is by far the most common reading.
※「ゴウ」と読む語（主に「無理やりに」という意味合いが含まれる mainly used in words signifying compulsion）例 強引（な） 強盗
強いる：無理にさせる force 例 嫌がる子供に勉強を強いる
【情】ジョウ
強情（な）：自分の考えや望みを強く主張して、他人の意見を聞かない様子 stubborn

すべての音読み（カタカナ）と訓読みを提示。使用頻度に違いがある場合は、その点も明示してある。

学習を容易にするために、覚える必要のある語彙を提示。漢字は字体でなく語彙で覚える。

語彙は必ず短文で覚える。解説に短文が記されてない場合は問題文を覚える。

語の辞書的な意味記述や英語訳は参考に。
※「読解」「聴解」は、解答のポイントとなる部分に英訳があります。

◆文字・語彙

　漢字は<u>語彙</u>で、語彙は<u>短文で覚える。</u>

◆文法

　問題5「文の文法1（文法形式の判断）」

　　解説に選択肢ごとの意味と短文例がある。短文を使って覚えること。

　問題6「文の文法2（文の組み立て）」

　　文を組み立てる問題：名詞修飾や言葉のつながりに注意。

　問題7「文章の文法」

　　長めの文章の空欄を埋める問題：文章を読み取る　→　どんな言葉が来るか判断する。

　　🕯 よく出題されるもの

　　　・「〜れる・られる」「〜せる・させる」「〜てあげる・もらう・くれる」

　　　・「〜として」「〜にとって」などの助詞相当句

　　　・接続の表現

◆読解

　　解説では、各問題の具体的な解き方と共に、同種の文章にどう対処したらよいかを記してあります。例えば、「比喩を使った文章」「定義を述べた文章」「情景を想像しながら読む文章」「次に続く事柄を推測する文章」などです。それを参考に、読み取りの力を高めてください。

　読解問題には、次のようなタイプがあります。

　　「内容理解」

　　　一語一語にこだわりすぎず、文全体が何を伝えているかをとらえることが大切。

　　　🕯 本、雑誌、インターネットなどで数多くの文章に触れておこう。

　　　🕯 母語で本を読むことが好きな人・一般的な知識の豊かな人が有利！

　　「情報検索」

　　　お知らせ・広告などから、必要な情報を速く見つける。

　　　🕯 慣れが必要　→　雑誌の情報欄などを普段から見るようにしておこう。

◆聴解

　　聴解は、問題1〜5がそれぞれタイプ別になっています。問題別の特徴や注意点は以下の通りです。

　問題1「課題理解」

　・選択肢が書かれている。

　　　🕯 <u>選択肢を見ながら聞く</u>とわかりやすい。

　・会話の前に問題を聞く。

　　　🕯 問題の内容を聞き逃さないように。

　　　🕯「○○はこれからまず何をしますか」という問題が多い。

　　　🕯「前に」「後で」「〜てから」などの言葉に注意する。

　問題2「ポイント理解」

　・選択肢が書かれていて、読む時間がある。

　　　🕯 選択肢を読み終わる前に<u>会話が始まったら、聞くことに集中</u>する。

　・会話の前に問題を聞く。

 📝 何かの<ruby>理由<rt>りゆう</rt></ruby>、<ruby>最<rt>もっと</rt></ruby>も<ruby>重要<rt>じゅうよう</rt></ruby>なことは何か、などを問う問題が多い。

問題3「<ruby>概要理解<rt>がいようりかい</rt></ruby>」

・選択肢は書かれていない。

 📝 聞くだけなので、<u>必ずメモをとる</u>こと。

・全体として何の話なのか、テーマは何かを問う問題。

 📝 わからない言葉があっても気にしない。

問題4「<ruby>即時応答<rt>そくじおうとう</rt></ruby>」

・<ruby>短<rt>みじか</rt></ruby>い発話を聞く　→　会話の<ruby>相手<rt>あいて</rt></ruby>が何と答えるかを<ruby>選<rt>えら</rt></ruby>ぶ。

 📝 聞き取る力＋<u>語彙・文法・表現</u>の知識が大切。

 📝 表現の意味・使い方がわからないと、答えが<ruby>導<rt>みちび</rt></ruby>けないことがある。

問題5「<ruby>統合理解<rt>とうごう</rt></ruby>」

・1<ruby>番<rt>ばん</rt></ruby>・2番：2、3人の長めの会話を<ruby>聞<rt>き</rt></ruby>き、<ruby>結論<rt>けつろん</rt></ruby>がどうなったか判断するタイプの問題。

 📝 選択肢は書かれていないので、<u>メモをしっかりとる</u>。

・3番：

 まず、一人の人が4つの選択肢を<ruby>提示<rt>ていじ</rt></ruby>する。

 📝 <u>それぞれの内容をきちんとメモする。</u>

 次に、<ruby>男女<rt>だんじょ</rt></ruby>2人がその中のどれを選ぶかについて話す。

 📝 選択肢は書かれているが、<ruby>記号<rt>きごう</rt></ruby>や<ruby>単語<rt>たんご</rt></ruby>なので、内容をきちんとメモする。

■<ruby>模擬試験冊子<rt>もぎしけんさっし</rt></ruby>について

・<ruby>巻末<rt>かんまつ</rt></ruby>の模擬<ruby>試験<rt>しけん</rt></ruby>は<ruby>第1回<rt>だいいっかい</rt></ruby>・第2回・第3回が<ruby>別々<rt>べつべつ</rt></ruby>の冊子になっていて、<u>1<ruby>回分<rt>かいぶん</rt></ruby>ずつ<ruby>個<rt>こ</rt></ruby><ruby>別<rt>べつ</rt></ruby>に取り外すことができます。冊子の表紙と<ruby>最終<rt>さいしゅう</rt></ruby>ページを持って、<ruby>本<rt>ほん</rt></ruby>の<ruby>外側<rt>そとがわ</rt></ruby>にそっと<ruby>引<rt>ひ</rt></ruby>っ<ruby>張<rt>ぱ</rt></ruby>って外してください。</u>

・1回分の模擬試験冊子に、「<ruby>言語知識<rt>げんごちしき</rt></ruby>（<ruby>文字<rt>もじ</rt></ruby>・<ruby>語彙<rt>ごい</rt></ruby>・<ruby>文法<rt>ぶんぽう</rt></ruby>）・<ruby>読解<rt>どっかい</rt></ruby>」と「<ruby>聴解<rt>ちょうかい</rt></ruby>」がまとまっています。

・「言語知識（文字・語彙）」「言語知識（文法）・読解」と「聴解」の<ruby>解答用紙<rt>かいとうようし</rt></ruby>は模擬試験冊子の<ruby>最後<rt>さいご</rt></ruby>に付いています。模擬試験を始める<ruby>前<rt>まえ</rt></ruby>に、はさみで<ruby>切<rt>き</rt></ruby>り取って<ruby>準備<rt>じゅんび</rt></ruby>しておいてください。

■<ruby>聴解問題<rt>ちょうかいもんだい</rt></ruby>の<ruby>音声<rt>おんせい</rt></ruby>ダウンロードについて

・<ruby>右下<rt>みぎした</rt></ruby>のQRコードを読み取って、ジャパンタイムズ出版の<ruby>無料<rt>むりょう</rt></ruby>音声アプリ「OTO Navi」をスマートフォンやタブレットにインストールし、聴解問題の音声をダウンロードしてください。

・聴解問題の音声は下記のURLからダウンロードすることもできます。

 <u>ダウンロードは無料</u>です。

 https://bookclub.japantimes.co.jp/jp/book/b454187.html

Features and Usage of This Book

Try your hand at practice tests!

◆ **Why should I take practice tests?**

Take practice tests → Identify the areas you need to work on, and see how your current strengths match up against the level needed to pass → Develop and follow a study plan that enables you to efficiently focus on strengthening your weak areas → Take the JLPT → **Succeed!**

◆ **How should I approach the practice tests?**

Instead of thinking of them as practice, treat them as if they were the real thing!

　　📖 Take the practice tests somewhere that allows you to concentrate like you would at a real test venue.

　　📖 Time yourself. Take no more time than what is allotted in the actual test.

◆ **How should I schedule the three practice tests?**

Here's one suggestion:

| 1st test | 4–5 months before actual test ⇒ | 2nd test | 2 months before ⇒ | 3rd test | 2–3 weeks before |

　　📖 Avoid taking all three in one swoop.

　　📖 Spacing the tests apart gives you a better idea of how much your study efforts are helping to boost your scores.

◆ **How many points should I aim for?**

Refer to the scoresheets on p. 44, 80, and 115 for the minimum acceptable scores and passing scores. However, since many examinees tend to score lower in the actual test than in practice tests, it's a good idea to play <u>it safe by becoming able to achieve practice test scores 10–20% above the minimum acceptable/passing scores.</u>

Commentary structure and tips for each area of study

Refer to the commentary provided in this book to get more out of your test preparations. You'll be better able to build and consolidate your skills if you read the commentary for all test questions—not just the ones you flubbed but also the ones you aced.

Commentary sample (Language Knowledge)

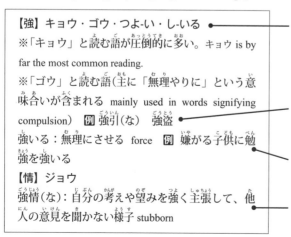

All on-yomi and kun-yomi readings of the target kanji are given (on-yomi in katakana). Differences in the frequency of their use are noted.

Vocabulary that you need to learn are presented to facilitate your studies. Instead of just memorizing the shapes of kanji, try to learn the characters in the context of words that incorporate them.

Memorize the vocabulary as part of short sentences. If the commentary doesn't provide a short sentence for a certain word, memorize it as used in the test question.

Refer to the dictionary-style definitions and English translations of the words.

Note: English translations are also provided for advice on the Reading and Listening sections.

◆ **Vocabulary**

Learn the kanji as part of words, and the vocabulary as part of short sentences.

◆ **Grammar**

Question 5: Sentential grammar 1 (Selecting grammar form)

The commentary includes the meanings of each answer choices and short example sentences. Memorize the vocabulary in the context of the short sentences.

Question 6: Sentential grammar 2 (Sentence composition)

Sentence construction questions: Pay close attention to noun modification and how words are linked.

Question 7: Text grammar

Fill-in-the-blank passages: First, grasp the meaning of the passages as a whole, and then determine what words correctly fill the blanks.

　📖 Material that often appears in these questions:

　　・ 〜れる / られる；〜せる / させる；〜てあげる / もらう / くれる

　　・ Particle phrases such as 〜として or 〜にとって．

　　・ Conjunctive expressions

◆ **Reading**

The commentary provides specific tips on how to solve the different types of questions and how to tackle similar readings. Some of the types of reading material covered are: passages that use metaphors, passages that state definitions, passages that require you to picture the situation in your mind, and passages where you need to predict what comes next. Go over the various types to enhance your reading skills. The reading questions are divided into the following types.

Comprehension

The trick to solving these questions is figure out the message of the passage as a whole, rather than focusing too much on what each expression means.

　📖 Try reading lots of material from books, magazines, the Internet, and other media.

　📖 People who like to read books in their native language and/or have a lot of general knowledge are at a bigger advantage!

Information retrieval

These questions challenge you to quickly pick out necessary information from notices, ads, etc.

　📖 To handle these questions efficiently, you need to become accustomed to their format and material, so it's a good idea to make a habit out of reading announcements in magazines and the like.

◆ **Listening**

Questions 1–5 each present a different type of question. Below are the characteristics of each type and pointers on how to tackle them.

Question 1: Task-based comprehension

・ The answer choices are written.

　📖 These questions are easier to solve if you look at the choices while listening.

・ The question is played before the dialogue.

　📖 Be careful not to miss the question.

　📖 The questions often take the form ○○はこれからまず何をしますか (What will [person] do first?).

　📖 Be on the lookout for words like 〜前に (before 〜), 〜後で (after 〜), and 〜てから (after 〜).

Question 2: Point comprehension

・The answer choices are written, and you are given time to read them.

　📖 If you don't finish reading the choices before the dialogue begins, focus on listening to it.

・The question is played before the dialogue.

　📖 The questions typically ask about <u>the reason for something, the most important point of something</u>, and so on.

Question 3: Summary comprehension

・The answer choices are not written.

　📖 This is a listening-only problem, so <u>be sure to take notes</u>.

・The question asks about the subject/theme of the dialogue as a whole.

　📖 <u>Don't get too worried if you encounter an unfamiliar expression</u>.

Question 4: Quick response

・You listen to a short utterance and then select the appropriate response to it.

　📖 It takes strong listening skills and broad knowledge of <u>vocabulary, grammar, and expressions</u> to do well on these questions.

　📖 It will be hard to determine the correct answer if you don't understand the meaning and usage of the expressions used.

Question 5: Integrated comprehension

・No. 1, No. 2: You listen to a dialogue between two or three people and then determine the conclusion.

　📖 The answer choices aren't written so <u>be sure to take good notes</u>.

・No. 3: First, a speaker states the four answer choices.

　📖 <u>Jot down each choice</u>.

　Next, a man and a woman talk about which one they will choose.

　📖 Although the choices are written, they use symbols or are condensed into a word or two, so take careful notes of what is said in the dialogue.

■ About the practice test booklets

・The three practice tests are each bound in separate booklets at the end of this book. <u>The booklets are detachable. To remove a booklet, grasp its cover and last page and gently pull it from the book</u>.

・Each booklet is divided into: Language Knowledge (Vocabulary/Grammar) & Reading, and Listening.

・The answer sheets for each part are found at the end of the booklet. <u>Before taking the practice test, prepare the answer sheets by cutting them out with scissors</u>.

■ About the audio downloads

・Scan the QR code at the bottom right and install OTO Navi, The Japan Times Publishing's free sound navigation app, on your smartphone or tablet. Next, use the app to download the audio material for the listening comprehension sections of this book.

・The listening comprehension audio files can also be downloaded via the page linked below. <u>The downloads are **free**</u>.

　https://bookclub.japantimes.co.jp/en/book/b456555.html

N1 第1回 模擬試験
だい かい もぎしけん

N1 Practice Test 1

解答と解説
かいとう かいせつ

Answers and Comments

問題1（漢字読み *Kanji* reading）

1 答え 2

【片】ヘン・かた

【隅】グウ・すみ

片～：①二つそろったものの一方 one of a pair 例 片手 片側 片思い ②中心から離れている～、中心的・重要ではない～ 例 片隅 片田舎 片手間

隅：場所の端のほう 奥のほう corner 例 隅っこ

2 答え 4

【出】シュツ・(スイ)・で-る・だ-す ※「スイ」は使用頻度が低い。スイ is rarely used.

【没】ボツ 例 没頭(する) 没収(する) 日没

出没(する)：現れてはまたいなくなる どこからともなく時々現れる Someone/something arrives and leaves repeatedly, or appears out of nowhere from time to time.

※「出：現れる」「没：姿が消える」で、相対する意味の漢字を組み合わせた熟語。This kanji compound combines two characters with opposite meanings: 出 (appear) and 没 (disappear).

3 答え 3

【戸】コ・と

【惑】ワク・まど-う

※「惑う」より「戸惑う」の形で使うことが多い。戸惑う is used more commonly than just 惑う.

戸惑う：どうしていいかわからず困る be at a loss

※名詞形 noun：戸惑い

4 答え 1

【漂】ヒョウ・ただよ-う 例 漂流(する)

漂う：水中や空中に浮かんで揺れ動く においや雰囲気などが流れる drift, float 例 甘い香りが漂う 疲労感が漂う

2 かぶさる：上に覆うようにかかる overhang

3 移ろう：物事が次第に移り変わっていく change

4 みなぎる：あふれそうなほど満ちる be full of

5 答え 2

【強】キョウ・ゴウ・つよ-い・し-いる

※「キョウ」と読む語が圧倒的に多い。キョウ is by far the most common reading.

※「ゴウ」と読む語(主に「無理やりに」という意味合いが含まれる mainly used in words signifying compulsion) 例 強引(な) 強盗

強いる：無理にさせる force 例 嫌がる子供に勉強を強いる

【情】ジョウ

強情(な)：自分の考えや望みを強く主張して、他人の意見を聞かない様子 stubborn

6 答え 4

【穏】オン・おだ-やか ※【隠 イン・かく-れる】との字形の違いに注意 Be careful not to confuse this kanji with 隠(イン・かく-れる).

【便】ビン・ベン・たよ-り 例 便乗(する) 航空便 郵便 便利(な) 簡便(な) 便宜

穏便(な)：問題などを処理する態度や方法が穏やかである様子 amicable

問題2（文脈規定 Contextually-defined expressions）

7 答え 1

偏る・片寄る：一つのものに集中して全体のバランスを欠いた状態になる be unbalanced, be one-sided

例 栄養が偏っている　偏った考えを持っている
2 うつむく：下を向く　顔が下の方に向く　look down　例 うつむいて考え事をする
3 かしげる：本来は水平、垂直であるべきものを斜めにする tilt　例 首をかしげる
4 横たえる：横にして置く lay down　例 体を地面に横たえる

8　答え　4

漠然としている：ぼんやりしていて、はっきりしない様子 vague　例 将来に対する漠然とした不安を感じる
1 依然として：相変わらず　元のまま still　例 激しい雨が依然として降り続く
2 整然としている：きちんと整っている orderly　例 机の上が整然としている
3 敢然と：勇敢に、思い切って行動する様子 bravely　例 強い敵にも敢然と立ち向かう

9　答え　1

てっきり〜と思った：実際とは違うことをそうだと信じていた mistakenly believed that 〜
2 じっくり：時間をかけ、落ち着いて何かを行う様子 carefully　例 じっくり考える
3 ごっそり：たくさんの物を全部、残らず取り去る様子 all, entirely　例 宝石店のアクセサリーがごっそり盗まれた。
4 おっとり（している）：人柄や態度がゆっくりと落ち着いている様子 mild-mannered　例 姉は、動き方も話し方もおっとりしている。

10　答え　1

打ち明ける：秘密や心に思っていることを隠さず人に話す reveal (a secret)　例 秘密を打ち明ける
2 打ち解ける：相手との間に遠慮がなくなり、親しくなる warm up (to someone), be frank　例 打ち解けた雰囲気の中で話し合う。
3 言いよどむ：すらすらと言葉が出ない　言葉に詰まる hesitate to say　例 苦情を言おうとして言いよどんだ。
4 言い張る：自分の考えを主張し続ける insist　例 自分が正しいと言い張って、人の言うことを聞かない。

11　答え　3

〜に執着する：離れることができないほど〜に心が強く引かれる stick to 〜, care too much about 〜
1 密着（する）：ぴったりとくっつく close to, adhere to　例 スターに密着して取材する
2 思慮（する）：注意深く慎重に考える think carefully　例 思慮深い人　思慮に欠ける
4 思索（する）：深く考えをめぐらす contemplate　例 人生について思索する

12　答え　4

体裁：外から見た形や様子　外見　見た目 appearance　例 体裁がよい／悪い　体裁を気にする
1 外観：建物や車などの、外から見た形や様子 exterior　例 お城のような外観の建物
2 言外：言葉では言わないこと unspoken meanings　例 言外の意味をくみ取る
3 正体：本当の姿 true colors　例 正体を現す

13　答え　3

スキル：訓練などによって得られる技能 skill
1 ジャンル：文学や芸術の中の部門や種類 genre　例 音楽の中で好きなジャンルは何ですか。
2 マスター（する）：熟達する master　例 漢字をマスターするのには時間がかかる。
4 ノルマ：課せられたやるべき仕事の量 quota　例 毎日、与えられたノルマをこなさなければならない。

問題3（言い換え類義 Paraphrases）

14　答え　2

ふんだん（な）：あまるほど多い　十分な　abundant
例 ふんだんな資源に恵まれている　高価な材料を
ふんだんに使って料理する
※数量を述べる表現 Words for expressing quantity
少ない few：微々たる　わずか（な）　ちょっぴり
ほんの　たった
中くらい some：多少　いくつか　少なからず　若干
多い many：数えきれない　膨大（な）　おびただ
しい　ふんだん（な）　たっぷり　どっさり

15　答え　1

かつてない：今までにない　過去に例がない
never before, unprecedented　例 かつてないピンチ
を迎えた。
※かつて：以前　昔　once, formerly　例 かつて日
本は外国との貿易が原則として禁止されていた。

16　答え　3

おどおどしている：不安や恐れる気持ちがあり、
落ち着かない様子 have the jitters　例 子犬は初めお
どおどしていたが、次第に慣れてきた。
＝びくびくしている　おろおろしている
⇔堂々としている　落ち着いている　be confident/
calm

17　答え　2

始終：いつも　絶えず　しょっちゅう　all the time
例 子供たちは始終ゲームをしている。
※一部始終：すべて all the details　例 見たことを
一部始終話す
※終始：初めから終わりまで　ずっと　the whole
time　例 会議の間、終始話していた。
※終始一貫（する）：初めから終わりまで変わらな
い be consistent　例 終始一貫して同じ主張をする。

18　答え　3

辛抱する：辛いことや苦しいことに耐える　がま
んする endure, put up with

※「辛抱」は辛いことや苦しいことについて使わ
れるが、「がまん」は「笑い出したいのをがまん
する」のように衝動や感情にも使われ、使用の幅
が広い。In contrast with 辛抱, which is used only for
unpleasant/difficult situations, がまん can also be used
to mean holding back one's impulses/emotions, as in
"stifle a laugh."

19　答え　4

柄：①体格 physique　例 大柄　小柄　②性格　品
位 personality, class　例 柄が悪い人　③布などの模
様 pattern　例 派手な柄
※柄：手で握るために、道具についている長い部
分 handle　例 傘の柄

問題4（用法 Usage）

20　答え　1

率先（する）：人よりも先に、進んで物事を行う
take the initiative in ~ing
※「率先して～する」と使うことが多い。This is
commonly used in the pattern 率先して～する.
2 ▶ 先導（する）lead
3 ▶ 優先（する）prioritize
4 ▶ 優先して解決

21　答え　2

たどる：道に沿って進む　手がかりを頼って探し
求める follow, trace　例 平行線をたどる（＝合意に
至らない）　山道／家路をたどる　手がかりをた
どる
1 ▶ たよって relying on
3 ▶ （～に）もとづいて be based on
4 ▶ 後を追いかけて go after

22　答え　3

ずうずうしい：人に迷惑をかけていることに平気
でいる　遠慮がない　自分勝手な shameless, brazen

※「ずうずうしい」行為の例 Examples of behavior considered：人の物を勝手に使う using someone's possession without permission、並んでいる人の列に勝手に割り込む cutting in line　など
＝厚かましい
⇔遠慮深い modest, humble
1 ▶ にこやかに／積極的に affably/eagerly
2 ▶ 騒々しい loudly
4 ▶ 面倒くさい／手間がかかる time-consuming

[23] 答え　4
一向に〜ない：望ましい／期待される方向に向かう様子が全然ない not at all (what one desires/expects)　例 景気は一向に回復しない　時間になっても一向に現れない
1 ▶ 一方的に one way
2 ▶ まっすぐ straight
3 ▶ それに向かって／一生懸命 (do) one's best

[24] 答え　1
屈指：(指を折って数えることから)多くの中で、特に優れていること one to the best
※「○○屈指の××」という使い方が多い。This is often used in the pattern ○○屈指の××.　例 業界屈指の優秀なビジネスマン　国内屈指の短距離ランナー
似ている意味の語　5本の指に入る
2 ▶ 指折り数えて待つ count the days until
3 ▶ 指の骨折 broken finger

[25] 答え　2
弾む：(ボールなどが何かに当たって)はねかえる(うれしい気持ちになって)活気づく　呼吸が荒くなる bounce, become lively　例 ボールが床に当たって弾む　心／声が弾む　息を弾ませる
1 ▶ はずかしい embarrassed
3 ▶ 始める／開会する begin/open
4 ▶ はずれて miss, deviate

問題5（文の文法1（文法形式の判断）
Sentential grammar 1 (Selecting grammar form)）

[26] 答え　4
〜もしないで：「〜ないで」の強調
例 妹は説明書をちゃんと読みもしないで、人に教えてもらおうとする。

[27] 答え　2
〜たら〜たで：する前に期待していたこと、心配していたことなどとは違う状態になるときに使う。This is used to express that some situation turned out to be different from your expectations/worries.
例 入学前はいろいろ心配だったが、大学に入ったら入ったで楽しくやっている。

[28] 答え　3
〜として＝〜と決めて　〜ということで
1 〜といっても＝〜といったけれども(実情は想像されるほどのものではない the actual state of something does not meet certain expectations)　例 日本語ができるといっても通訳ができるほどではない。
2 〜としても＝(もし)〜と仮定しても　(もし)〜ても　例 もし飲み会に行けるとしても8時過ぎになります。
4 〜とみて＝〜と考えて　〜と判断して　例 警察では犯人は車を盗んで逃走したものとみて捜査している。

[29] 答え　1
かつ：二つの動作、状態が同時に存在することを表す。This expresses that two actions/states are simultaneous.　例 飲みかつ歌う
2 および：名詞を並べて挙げるときに使う。This is used to join nouns in the way that "and" is used in English.
例 公演は東京および大阪で行われる。
3 または：二つ以上の事柄のどれを選んでもよ

いという意味で使う。This means "or" and is used to join two or more choices. 例 黒または青のペンで記入すること。

4 なお：付け加えて言いたいときに使う。This is used to introduce additional information. 例 これで終わります。なお詳細は追ってお知らせします。

30 答え 2

〜にしてみれば＝〜の立場では 〜にとって 例 中高年にしてみれば懐かしいものも、若者にとっては新鮮なものに感じられるだろう。

1 〜であるからには＝〜からには：そういう理由があるのだから（強い主張、希望 strong assertion/hope） 例 日本に来たからにはN1に合格したい。

3 〜にあたっては＝〜にあたって （これから行われる）〜を考えて 例 海外進出にあたって市場調査をする。

4 だからといって：そういう理由があるのはわかるが、しかし 例 野菜が嫌いだからといって食べないのはよくない。

31 答え 1

〜にこしたことはない＝できれば〜がいちばんいい 〜が理想的だ 例 人に頼むより自分でできるなら、それにこしたことはない。

2 先立つ：〜に先立って＝〜する前に 例 首脳会談に先立って、外相会談が行われる。

4 しかるべき：そうするのが当然である 例 迷惑をかけたのだから、謝ってしかるべきだ。

32 答え 4

〜うちは：今の状態が変わるときが必ず来るから、そうなる前は

33 答え 1

お召しになる：「着る」の尊敬語 Honorific form of 着る

3 召し上がる：「食べる」の尊敬語 Honorific form

of 食べる

4 お召し上がりになる：「召し上がる」と同じだが、二重敬語 same as 召し上がる, but in a double honorific construction

34 答え 3

ファンに惜しまれる（受身形 Passive forms）＋つつ：惜しまれながら 惜しまれている状態で

35 答え 3

〜しておきながら：〜しておく＋ながら＝〜したけれども 例 こちらからお願いしておきながらキャンセルさせていただくのは心苦しいのですが

2 〜したばかりに：〜ばかりに：それだけが原因で（悪い結果になった） 例 彼の言うことを信じたばかりに、今、とても困っている。

4 〜するまでもなく：〜までもない＝〜する必要がない 例 都心の家賃が高いのは言うまでもないことだ。

問題6（文の文法2（文の組み立て）
Sentential grammar 2 (Sentence composition))

36 答え 3

お金もあまりないし、買わなくても 済むんなら 買わないで 済ませる つもりだ。

〜ないで／なくて(も)＋すむ：「〜なくても大丈夫だ、よかった」という気持ち
済むんなら＝済むのなら

37 答え 1

いつも忙しい野中さんの ことだから 長期休暇をとる なんて こと は、できるはずがない。

〜ことだから：いつもの状況から判断して

38 答え 4

これからも 誰も経験したことがない ような大災害が いつ起こらないとも 限らない ことを忘れて

はならない。

～ような：例としてあげたり、断定を避けたりするときに使われる。なくても意味は通じるが、よくこのように使われる。This can be omitted without affecting the sentence's meaning, but is often used in this way.

39 答え 2

田中選手が 残念ながら優勝できなかった のは 周りの期待が大きすぎて プレッシャーになってしまった からではないだろうか。

～のは～からだ：最初に結果を述べ、そのあとで理由・原因を述べる形の文

40 答え 4

前田社長は、いつも現場に出て従業員に、いかに客に 接するべきか を 身をもって 示している。

いかに～か　を～：「いかに～か」が次の動詞の目的語になっている。いかに～か is the object of the verb that follows it.

身をもって＝自分自身で

問題7（文章の文法 Text grammar）

41 答え 4

「これまで存在したことはない」＝過去にはなかった

42 答え 2

「共同体的な組織というよりも、～機能的な組織に変わった」

AというよりもB：Bといったほうが適当だ、というような意味。

43 答え 1

ここでは21世紀のことを述べているので、「20世紀と違って、（今は）～」となる。

44 答え 3

「国家の主な努力は～ことに注がれる」

「努力」が主語になっているので、動詞は受身形になる。努力を注ぐのは人間だが、ここには出てこない。

45 答え 2

内容から考えて「否定できない」となる。

読解 Reading

問題8（内容理解（短文）
Comprehension (Short passages)）

(1)

46　答え　4

文章に比喩（例え）がある場合「どういう点について、何を何に例えているか」を理解することが必要。To understand sentences containing metaphors, you need to figure out what is being likened to what, and the focus of the analogy.

この文章では「サンデルの講義手法」を「ソクラテスの対話」に例えているが、それは「対話を通じて議論を深化させていく」点が「ちょうどプラトンが書いたソクラテスの対話編のような趣を持っている」からである。

(2)

47　答え　3

指示文を読んだらその指示の通りにすることが必須だ。このような発展的な問題にも対応できるようにしておこう。Be sure to follow all instructions as stated. It's a good idea to prepare yourself to handle expanded questions like this.

指示通りの矢印は、1：移動、変化（小学生から中学生、高校生、大学生に変わっていく）＝ア、2：原因→結果（気温が上がることが原因で、暑く感じる）＝イ、3：結果←原因（勉強することで、成績が上がる）＝ウ、4：理由→結果（風邪をひいたという理由で薬を飲む）＝イ。したがって、答えは3。

(3)

48　答え　3

最初の「〜とはどんな○○か」から、あるものの定義が書かれていることをまず読み取る。Recognize that the 〜とはどんな○○か at the beginning is telling you that a definition of something (〜) will follow.

この場合は何のためにどんなゲームを行うか、である。「いつまでも他人行儀のままでは演技の練習にならない。その距離を埋めるためのメソッド」という部分から答えを引き出す。ゲームを行っているのが「二人の役者」であることに引きずられないように。

(4)

49　答え　3

「筆者の考え」は読解の基本的な問い。Questions asking about the writer's opinion are typical reading comprehension questions.

この文章は、ゴルフコースの障害を人生の困難に例えて、「そうした困難」なしの人生は味気ない、「困難を克服」した上で「成果が得られるのが楽しい」という最後の部分が筆者の言いたいことである。

問題9（内容理解（中文）
Comprehension (Mid-size passages)）

(1)

50　答え　1

第1段落から読み取る。筆者は日本語の習得に苦労していて、努力や苦労なしで日本語が使えるようになることを夢見ている。それが科学技術の発達で可能になり、寝ている間にプログラムが脳に組み込まれる、という想像をしている。それが「悪夢のような考え」である。

第1回

言語知識

読解

聴解

51 答え 2

第2段落では、筆者はまだ「悪夢」について考えている。もしそれが実現すれば、漢字を覚えるような苦労や努力は「まったくの時間の無駄」になり、その苦労をしない未来の人々は今の努力を「笑いとばす」だろう、と言っている。

※「〜かねない」＝〜となる恐れがある

52 答え 4

この文章には書かれていないため「想像する」必要がある。あとにどのような内容の文章が来るかが想像できるのは、文章をきちんと理解した証明である。つまり「次に来る内容を推測しながら読む」ことができれば、読解問題を解くのは簡単である。The answer is not written in the passage, so you need to use your power of imagination. Being able to imagine what comes later in the writing means that you have fully understood the passage presented. If you acquire the ability to infer where a passage is leading as you read it, you'll have an easier time solving reading comprehension questions.

ここでは、技術進歩によって外国語学習が必要でなくなったら「言葉を学ぶこと」「それ自体」が持つ「価値」が得られないと言っている。それは、外国語を学ぶことで得られる「言語そのもの以外の様々な知識」だと想像できる。実際の文章では「日本語の奥深い文化」についての記述が続く。

(2)

53 答え 2

①定義を理解する、②行動を頭に思い浮かべる、の2点が読み取りに必要である。You need to be able to do two things for reading comprehension: (1) understand the definition, and (2) picture the action in your mind.

ここでは①「タイムライン」とは何か、②「レクチャー」中の行動はどんなものか。この質問は①に相当する。「人間は頭の中に過去・現在・未来

を自由に移動するタイムマシーンのようなものを持って」いて、移動の時に感じる「内的、主観的時間を『タイムライン』と呼ぶ」というところから、頭の中に未来の理想的な自分の姿を描くことで、希望を持って積極的な気持になる、というセラピーが関係がある。

54 答え 4

この質問は上記②に相当する。読みながら、登場人物を頭の中で行動させてみること。This question is an example of the second ability mentioned above. As you read, try to imagine the actions of the people described.

学生たちは「おずおずと後ずさり」し、「うれしかったこと…そんなこと、あったかな」と困っていることから、過去のうれしかったことがなかなか見つけられない様子がわかる。

55 答え 1

この質問は上記①に相当する。過去の喜びの「その瞬間に戻ったようにもう一度、その喜びやうれしさを体感」し、そして「自分を肯定し、自信を取り戻してもらうのが目的だ」と言っていることからセラピーの目的を読み取る。

(3)

56 答え 1

本文の第1、2段落は、(特に子供が)疑問を持って質問をするという行為が社会で受け入れられていない状況を筆者の経験を中心に語っていて、第4段落は両親のおかげで筆者が質問上手になったことを述べている。この問題は第1段落の内容に関し、「学校で質問が奨励されることはほとんどなかった」「授業内容に関する質問に限られた」という点がわかれば正しく答えられる。

57 答え 4

第2回

言語知識

読解

聴解

第3回

言語知識

読解

聴解

日本語の文章は、主語や目的語が明示されてない場合があり文脈から理解する必要がある。つまり、前後の関係から「誰／何が」「誰／何に」「誰／何を」を知る必要があるということである。In Japanese writings, the subject and the object are not always clearly stated. In such cases, you need to figure them out from the context. This means sifting through the surrounding text to determine the agent, the action, and the recipient of the action.

この問題「いやな顔をされ」という受身形は、「筆者が女性教師にいやな顔をされた」という意味である。したがって、女性教師は筆者に質問をされて、質問されることを予期していなかった（または、子供が質問することが気に入らなかった、質問に答えられなかった、なども考えられる）。

58 答え 3

本文の第3段落の内容から答えを導く。文章全体として、子供が本来持っている好奇心から来る多くの疑問を声に出して問うことを妨げる社会と、それに反して自分が恵まれた環境に育ったことが述べられている。

問題10（内容理解（長文）Comprehension (Long passages)）

59 答え 2

本文が全体として人間の「社会的知性」について述べていることから、この問題は文章全体の趣旨を問うていることがわかる。したがって、細かい部分をとりあえず気にせず、大意の把握をしなければならない。As the entire passage talks about the 社会的知性 of humans, it's clear that this question is asking about the overall gist of the passage. So, instead of becoming bogged down in the details, you need to focus on getting the big picture.

本文では「他者との関係性を重視」「他者と協調して行動をするネットワーク」のもとに「高度な分業システムに基づく社会を作り上げた」、という

ことをまず読み取ること。

60 答え 4

この問題は、読解で得た知識を実際の社会や生活の中で応用できるかどうかを見る。This question tests whether you can take what you learned from reading the passage and apply it to the real world or everyday life.

ミラーニューロンの定義を述べている部分「自分の行為と他者の行為を鏡に映したようにコードする」や、説明部分「相手の行動や感覚を自分の脳に映し込んで、認識する」から答えを選ぶ。

61 答え 1

「利他性」について述べている段落の文章は読み取りにくいので、注意して読むこと。The paragraph discussing 利他性 is tricky to follow, so it needs to be read carefully. 利他性とは「他の人のために奉仕する」ということであり、進化論の「すべての生物にとっては自分が生き残ることが最大の目的」という「利己性」を人間も持っていて不思議はないが、人間には「社会的知性」があるためそうはならない、と述べている。

62 答え 3

文章の中に「例」がある場合、どんな例がいくつ述べられているかについて理解することが重要。When dealing with a passage that includes examples, it is very important to determine the nature and number of examples presented.

ここでは、「社会的知性を持つ人間が、それをもとに他者と協調して高度な社会システムを作り上げた」例として、ジャンボジェット機と貨幣の二つを挙げている。

問題11（統合理解 Integrated comprehension）

63 答え 1

共通テーマを持つ2つの文章を比較するときに重要なことは、①各筆者の意見・視点・立場を文章全体から読み取る、②2つの文章の共通点と相違点を探す、の2点である。There are two key strategies for comparing two passages on the same subject: (1) determining each writer's opinion, perspective, and position from the passage as a whole, and (2) identifying the similarities and differences between the two passages. この問いは①に相当し、Aがテーマについて全体像と特徴を解説しているのに対し、Bは「探究」の1点に絞って述べている。

64 答え 2

上記②に関する問いである。この2つの文章で「探究」は共通して取り上げられているが、内容には相違がある。Aでは最後の段落の「これ」＝「探究型」の導入であることを読み取る。Bは、学年が上がるにしたがって「非探究的」になっている現状を述べている。

問題12（主張理解（長文）Thematic comprehension (Long passages))

65 答え 2

いくつかのものを数え上げて説明している文章では、一つ一つをまとめながら理解すること。When going through an explanatory passage that enumerates several items, summarize each in your mind, one by one. ここでは「競争動機」「理解動機」をまず述べ、最後に最も重要なものとして「感染動機」があると言っている。その3点を具体的に説明すると、2になる。

66 答え 2

知識を自分のものにするために感染動機が最も重要である理由は、その喜びが「瞬間」ではなく「時間」であるからだ、と言っている。この部分も「競争動機」「理解動機」に対して「感染動機」

がより重要なのはなぜか、という点を読み取ること。

67 答え 4

「感染動機」によって与えられる「内発性」は、「スゴイと思う人」に感染して何かをしている時間のすべてを「喜びの時間」と感じることによって、生まれてくる力である。

68 答え 1

本文のような論理性の高い文章は、筆者の論がどのように展開されているかに注目しなければならない。When reading a highly logical passage like this, you need to focus on how the writer's argument unfolds. そのためには、図解してみることが一つの方法である。文中に解説されている用語がどういう意味で、ほかの語とどう関連しているかを読み解く必要がある。

問題13（情報検索 Information retrieval))

69 答え 1

右ページの利用申し込み方法のすべてを読むのではなく、必要な部分を探し当ててそこだけに集中すること。Rather than read the entire description of the application process on the right page, pick out the necessary parts and concentrate on understanding them. この問いはホールの申し込み方法であることから、利用申し込み方法1、2を見て、この会社が利用資格条件を満たしていることを確認した上で、いつ抽選会に行くかを読み取る。

70 答え 3

支払いに関する情報は申し込み方法4に記されている。支払い期限は9月20日から2週間以内、金額は、16人を収容できる定員24人の和室を全日借りる場合の計算をする。

例 🎵 BPT_1_04

会社で女の人と男の人が企画書について話しています。女の人はこのあと企画書のどの部分を直しますか。

F：新しいプロジェクトの企画書、どうでしょうか。どこか直すところがありますか。

M：ああ、全体的には、プロジェクトの目標が強く打ち出せていて、説得力あると思うよ。

F：ありがとうございます。あの、予算計画のところ、書き方はどうですか。いろいろ迷ったんですけど。

M：ああ、ここはこれですっきりしていていいんじゃないかな。えーと、それより気になったのは、マーケティングのところだけど。

F：はい。市場の分析の部分ですね。

M：うん。主なターゲットは30代から50代の男女、ってことだけど、この年齢層の生活調査がもっとほしいなあ。

F：あ、わかりました。もっとデータを探してみます。

M：そうだね。あとは、具体的なスケジュールなんかも、わかりやすく書けてると思うよ。

F：はい、ありがとうございました。ではさっきの点、さっそく修正します。

女の人はこのあと企画書のどの部分を直しますか。

答え　3

1番 🎵 BPT_1_05

新製品フェアの会場で女の人と男の人が話しています。男の人はまず何をしますか。

F：じゃあ、準備に入りましょう。えーと、製品をここにずらっと並べて、その前に来場者と話せる場所を作るといいね。

M：はい、じゃあ、僕は、来場者用のテーブルやいすを並べます。

F：そうね。テーブルといすは会場の本部事務局から来る予定だけど、届いてるかな？

M：はい、そこにありますね。…あ、でもこれは、ちょっと…。

F：何か問題？　…あー、これは頼んでたのと違うよ。こんな一昔前の会議室みたいなのじゃなかったはず。

M：そうですねえ、これじゃ相当イメージが違いますよね。区役所じゃないんだからって感じですね。

F：変だなあ。オンラインで申し込んだとき、写真を見てチェックしたんだから間違いないはずよ。この会場のホームページに、道具や機材の写真があったのよ。

M：僕、今すぐ事務局に電話して交渉してみます。

F：そうね。その前に、ちょっと私が見た写真を確認したいんだけど。

M：わかりました。えーと、ちょっと待ってくださいね…。

男の人はまず何をしますか。

答え　3

最初の問いを聞き逃さないこと。「最初に・初めに・まず・すぐ」などいろいろな表現で問われるので注意する。Be sure not to miss the first question. It is introduced with various expressions, such as 最初に・初めに・まず・すぐ, so listen for them.

この会話では男の人が「電話して交渉してみる」と言ったあと、女の人に、電話する「前に」ホームページでテーブルといすの「写真を確認したい」と言われたことから正解を選ぶ。「後で」や「前に」など順番を表す言葉を注意して聞くこと。

2番　♬ BPT_1_06

大学で女子学生と教授が話しています。女子学生は何がいちばん難しいと言っていますか。

F：先生、私、今年から始まった起業家養成講座に興味があるんです。来年ぜひ受講したいと思って。

M：ああ、実際に事業をスタートさせる講座ですね。起業家を育成するための新しい試みなんですよ。しかし、受講するのは、けっこう狭き門だよ。

F：そうなんですか。面接があるって聞いて、その準備はしてるんですけど。

M：うん、面接ではビジネスを始める意識面について、相当詳細に質問されるね。大事ですよ。ただ、起業家養成講座を受講するのは最終段階だからね、それまでにいくつかの科目を受けていないといけないんだけど、聞いてますか。

F：はい、「アイデア発想法」とかですよね。それは登録するつもりです。

M：うん、その科目では数回発表コンテストがあって、それに勝ち抜いた学生が最終的に講座に申し込めるんです。最近の結果は、100人中…確か15名だったかな。

F：えっ、そんなに…。そうなんですか、それがいちばんの難関だなあ。私、無理かなあ。

M：いや、あきらめることないんじゃない？　今年受講してる先輩探して、どんなふうにやってきたかきいてみたら？

F：そうですね、受講生で知ってる人が一人いるんで、そうします。ありがとうございました。

M：ぜひ、がんばって。

女子学生は何がいちばん難しいと言っていますか。

第1回　言語知識　読解　聴解　第2回　言語知識　読解　聴解　第3回　言語知識　読解　聴解

答え　3

タスクの優先度ではなく難易度を聞く問題。This question is about the difficulty of the tasks, not their priority.

女子学生は、100人中15人しか勝ち抜けない発表コンテストを、「それがいちばんの難関だなあ」と言っている。

3番 🎵 BPT_1_07

車いすを使っている夫婦が、旅行のガイドブックを見ながら話しています。二人は最初に何をしますか。

F：ねえ、今年の秋、紅葉を見に行こうよ。ほら、仙台なんてよさそう。二泊ぐらいどう？

M：そうだね、じゃあ早速旅館を探そうか。僕はやっぱり温泉がメインだなあ。で、車いすマークのついたところじゃないとダメだよね。ガイドブックに載ってる？

F：うん、いくつかはあるけど。でも最近は、車いすマークがなくても泊まれるところもあるみたいよ。「これ」と思った旅館には、電話で問い合わせてみるのがいいかもしれない。

M：ああ、なるほど。わかった。じゃあマーク関係なく、よさそうな旅館を探そう。…お、これなんかよさそう。マークなしだけど。

F：ねえ、そういえば、仙台に佐藤さん住んでるよね。連絡してみようか。

M：うーん、僕たちが行くとなると向こうも気をつかうから、着いてからでいいんじゃないかな。

F：ああ、そうだよね、ふと思いついたっぽくね。で、何で行く？　新幹線？　車いすだっていうことを事前に知らせたほうがいいよね。

M：そうだね。旅館が決まってから、新幹線の席を予約しよう。

二人は最初に何をしますか。

答え　2

これもタスクの優先度・順番を問う問題である。This question is about the priority/order of the tasks.

この会話では、車いすマークはないがよさそうな旅館を見つけた、そして「旅館が決まってから新幹線の予約をしよう」と言っているので、そこに問い合わせることを、ほかのどれよりも先に行う。「〜てから」という言葉に注目する。

4番 🎵 BPT_1_08

小学校で、担任の先生と母親が子供の教育について話しています。母親はまず何をしますか。

M：隆君は、理科が得意ですねえ。自然や生き物に興味があるようです。

F：そうなんです。動物が飼いたいって事あるごとにせがむんですが、どうせ世話しないだろうと思って今は飼ってないんです。

M：そうですか。まあもう少し大きくなったら、責任持たせて世話させるのもいいかもしれませんね。

F：そうですね。考えてみます。ところで先生、国語が苦手なんですけど、家でどんなことができるでしょうか。

M：そうですね、子供は多くのことを感じているんですが、言葉にできないんです。ですから表現をたくさん聞いたり読んだりするといいですね。

F：本を読ませるってことでしょうか。

M：そうですね。そのあとで、大人と、読んだことについて話すとさらに効果的なんです。だから一人で読むのではなく大人も一緒に、というのがいいですね。

F：それがなかなか…。テレビの子供向けの教育番組は楽しそうに見てるんですが。

M：それもいいんですが、文字を読むことが大事ですから。お忙しいとは思いますが…。

F：ええ、でもやはり子供のためですから、時間を取ってみます。ありがとうございました。

母親はまず何をしますか。

答え　3

アドバイスを聞いてその通りにするというタイプの問題。This type of question focuses on listening to advice and doing as told.

ここでは、子供に本を読ませること、読んだことについて話すために母親も一緒に読むこと、その2点がアドバイスされている。

5番 ♫ BPT_1_09

会社で、女の人と男の人が、プレゼンテーション用の資料について話しています。女の人がこのあと作る資料はどんなものですか。

F：部長、明日のプレゼン用の資料なんですが、ちょっと見ていただけますか。

M：ああ、スライド用のデータだね。えーと、あ、文字、すっきりしてるね。この前のプレゼン、一つの画面に入っている文字が多すぎたよね。あれじゃあ、見てる人がどこをポイントにしていいかわからない。

F：はい、それは前に指摘されて、気をつけました。あと、色もですね、メインカラーとアクセントカラーの二つに絞るようにとアドバイスを受けて、多用しないようにしました。

M：そうだね、その結果、すごく見やすくなってると思うよ。

F：ほかに、何かありますか。

M：そうだなあー、見てる人を引き付けるためには、最初に結論を印象的に出すっていう方法もあると思うけど。

F：ええ、それも考えたんですけど、結局、背景の説明から入ることにしたんです。このほうが頭に入りやすいかと思って。順番に話が流れますから。

Ｍ：どうだろう。私だったら、最初にぐっと興味を引き付けるほうを選ぶかな。

Ｆ：じゃあ、もう一種類作ってみます。どちらがよさそうか、両方比べて、検討します。

Ｍ：ああ、それがいいね。ほかの人にも見せて意見を聞いてみて。

女の人がこのあと作る資料はどんなものですか。

答え　3

最初の問い「このあと作る資料はどんなものですか」を聞き逃さないように。今見ている資料と違うバージョンがどんなものかを理解する必要がある。この会話では男の人の提案「最初に結論を印象的に出す」を反映させたものをこれから作る。

6番 ♫ BPT_1_10

大学で男の学生と女の学生が発表の準備をしています。男の学生は今すぐ何をしますか。

Ｍ：ねえ田中さん、田中さんが書いたこのロボットのところだけど、すごく面白いと思うんだよね。

Ｆ：ああ、デパートでロボットを案内カウンターに置いたら、お客さんが人間よりロボットのほうを好んだっていうところ？

Ｍ：そうそう。ここ、もう少し膨らませられないかなあ。画像は付いてるけど、動画とかないかなあと思って。

Ｆ：えーと、どこかの動画サイトで探せるとは思うけど。それとも、実際に取材も不可能じゃないと思うよ。

Ｍ：えっ、できるの？　だったらそのほうがずっといいよ。でも発表は来週だよ。それまでに取材って大丈夫なの？

Ｆ：実は私、昨日電話したのよね、このデパート。そしたら、来週の火曜ならいいって言われたの。でも発表に間に合わないと思ってあきらめたのよ。たぶん、取材はその日に大丈夫だと思うよ。

Ｍ：そうかあ。火曜ねえ。発表は水曜だしなあ…。あのさあ、ちょっと先生にかけあってみようよ。今日は研究室にいらっしゃるから。発表の日程は水曜と木曜だから、木曜にしてもらおうよ。僕、今すぐきいてみるよ。行ってくる。

Ｆ：じゃ、私はデパートに電話して確認するね。

男の学生は今すぐ何をしますか。

答え　3

優先度についての問題。問いの主語「男の学生は〜」を聞き逃すと間違えてしまうので注意すること。

This question is about priority. If you don't catch the subject, 男の学生は〜, you'll likely get the answer wrong, so tune in your ears to it.

男の学生が、発表の日の変更を頼みに教授の研究室に今すぐ行く、と言っている。

問題2（ポイント理解 Point comprehension）

例 ♪ BPT_1_12

家で高校生の娘と父親が話しています。娘はどうして先生に褒められたと言っていますか。

F ：今日、学校で、先生にすごく褒められちゃった。

M ：へえ。どうして？

F ：あのね、今日クラスで自分で研究したことの発表会をしたの。私はね、どうして恐竜は絶滅したかっていうことを調べて、発表したんだけど。

M ：なかなか面白そうじゃないか。そういえば、ネットで恐竜のことを調べてたなあ。絵も描いてたし。じゃあその発表がよかったって、褒められたんだな。

F ：あ、そうじゃなくて、友達の発表に対して、よく質問したからなのよ。

M ：おー、なるほど。それはいいことだね。

F ：そう。それで先生は、興味を持って友達の話を聞いてるって、褒めてくれたの。

M ：そうか、それはよかったなあ。

F ：でもクラス全体はすごくざわざわしてたから、先生、ちょっと怒ってた。

M ：ああ、静かに友達の発表を聞かない生徒、大勢いるだろうねえ。

娘はどうして先生に褒められたと言っていますか。

答え　3

1番 ♪ BPT_1_13

テレビでレポーターがパン製造会社の経営者にインタビューしています。経営者はいちばんこだわったのは何だと言っていますか。

F ：今日は、大阪でパン屋さんを経営する上野さんに来ていただきました。上野さんの作るパンはほかの店を圧倒していて、なんと一日５万個以上の売り上げだそうです。すごい人気ですよねー。

M ：ありがとうございます。はい、お客様に喜ばれたいという一心で、試行錯誤してきました。

F ：柔らかくて、ふわふわですー、このパン。舌ざわりもほっこり、おいしいです。小麦粉は、カナダ産の最高級品だそうですね。

M ：ええ、材料は最高の品を使っています。味がよくないと売れませんからね。ただ、その点では、同じことをしている同業者がたくさんいます。ですから、私としては「生」であることにこだわったんです。新鮮さですよね。パンを売る店はすべて、工場に隣接しているんですよ。

F：ええ、お店には「パン工場」って書いてあるんですよね。でも店の雰囲気は、高級な和菓子店か和風レストランといった感じで、おしゃれですよねー。

M：ええ、店は和風で少し高級感を出しています。パンがこだわって作られたということを示したいんですよ。やはりパンそのもののおいしさが大事ですから。

経営者はいちばんこだわったのは何だと言っていますか。

答え　3

この会話では「生」つまり「新鮮さ」にこだわって店を工場の隣に開いた、と言っている。

2番 ♫ BPT_1_14

不動産会社で、営業担当の女の人と男の人が話しています。男の人はこのマンションの売れ行きがよくないのはどうしてだと言っていますか。

F：今、私が担当しているマンションなんだけど、ちょっと売れ行きが怪しいんですよ。

M：どれ、ちょっと資料を見せてください。ああ、この大規模マンションですね。都会でも緑の多い静かな住環境の中で心豊かな生活、という。

F：ええ。コミュニティ・タイプなので、買い物もこの中でできるし、病院もあるんですよ。価格はもちろん高いんですけど、部屋は広いですし、同じ条件のほかの物件と変わりはないんです。

M：うーん、やっぱり、利便性が住環境のよさに勝るということじゃないですか。最寄り駅から徒歩15分は、通勤する人にとっては厳しいかもしれないねえ。

F：そうなんでしょうかねえ。駅の近くって、ごみごみしているし、何といっても騒音がありますよね。公園の中に建ってるようなこのマンションのほうが、ずっといいと思いますけどねえ。

M：生活の仕方は、人それぞれだからねえ。もっと広告対象を絞ったらどうですか。

男の人はこのマンションの売れ行きがよくないのはどうしてだと言っていますか。

答え　3

男の人は「駅から徒歩15分は、通勤の人にとっては厳しい」、つまり駅から遠いことが原因であると言っている。

3番 ♫ BPT_1_15

ラジオで専門家が労働市場について話しています。専門家はどうして人手不足は深刻でないと言っていますか。

M：えー、人手不足が叫ばれていますが、それは深刻な状態なのでしょうか。実は私は、そうではないと思っています。えー、例えば求人難を理由とした企業倒産は、今年の倒産件数全体のわずか1％以下です。ですから、マスコミが伝える一部の情報が、あたかも経済全体の動きであるかのように感じられているのだと思います。では何を見たらいいか。それは賃金が上がっているかどうかです。人手不足の場合は賃金が上がります。企業が人手がほしいからですね。さて、今年の賃金の伸びは、昨年比0.4％です。上がってはいますが、ま、この程度ですから、人手不足は経済全体の成長に影響するほどではないということなのです。

専門家はどうして人手不足は深刻でないと言っていますか。

答え　4

話の論理的な流れについていかないと途中でわからなくなってしまう。If you don't keep track of the logical progression of what is said, you're bound to get lost.

男の人は、人手不足が深刻かどうかは「賃金が上がっているかどうか」であり「人手不足の場合は賃金が上がる」、しかし今は「賃金が上がっているがこの程度（＝少しだけ）」と言っている。

4番 🎵 BPT_1_16

女の人と男の人が話しています。男の人はどうしてシャワーがいいと言っていますか。

F：お風呂ってやっぱりいいね。筋肉もほぐれて、体が芯から温まって、本当にリラックスする。

M：そうだけどねー。僕はシャワー派だなあ。さっぱりと気持ちよくなって、シャキッと引き締まるね。

F：えー、それはこれから出かける場合でしょう。一日外で緊張して働いて、うちに帰って来てゆっくりしようってときに引き締めることないじゃない。緩めていいんだよ。

M：まあそうだけどね。つまり、お風呂とシャワーは機能が違うってことだよね。でも僕はやっぱり、体にお湯の流れが当たって、すべてを洗ってしまう感じが好きだなあ。外の汚れを洗い流すっていうか…。出かけるときももちろんだけど、帰って来てからすぐシャワーっていうのもいいよ。

F：なるほど、それって宗教の修行みたいね。滝に打たれて心と体を清めるっていう…。

M：いや、そこまでは。こっちはお湯だし。滝とは違うよ。

男の人はどうしてシャワーがいいと言っていますか。

答え　3

男の人は「身体にお湯の流れが当たってすべてを洗ってしまう感じが好きだ」と言っている。

テレビで、外国人のタレントが話しています。タレントはどうしてお箸をお土産にするのをやめましたか。

F：日本のお土産は、前はお箸をよく買ってました。軽くて小さいもののほうが、持って帰るのにはいいですよね。お箸の使い方は国でもたいていの人が知っているし、もちろん正しい持ち方はできませんけど、そんなこと気にする人いませんからね。ところがある日、親戚のうちに行って食器棚の引き出しを開けたんですよ。そしたら、使った形跡のない私があげたお箸がたくさん入ってて。それ以来、お箸はやめました。今は、お酒を飲む陶器の小さいコップ、おちょこでしたっけ？ あれにしてます。日本風でかわいいので、みんなアクセサリー入れなんかにしてますよ。

タレントはどうしてお箸をお土産にするのをやめましたか。

答え　1

タレントは、「あげたお箸」が、「使われた形跡のない」まま食器棚の引き出しにたくさん入っていたと話しているので、使われていないことを知って、やめたことがわかる。

外国人の女の人が日本人の男の人に日本での体験について話しています。女の人はどんなことに驚いたと言っていますか。

F：この前、日本と私の国の違いに驚いたことがあったんですよ。

M：ええ。

F：今度就職した会社で、部署の全員で私の歓迎会をしてくれたんです。レストランで。

M：職場の歓迎会って、お国ではしないんですか。

F：そうですね、珍しいですね。するとしてもオフィスでちょっと。みんなでレストランに行くことはあまりないなあ。でもそれは私が驚いたことじゃないんです。日本だから、習慣としてあるだろうなって普通に思いました。で、みんなでレストランに行ったんです。だけど、そこの料理、おいしくなかったんですよ。それでおいしくないって言おうとしたら…。

M：あー、それ言っちゃいけないって言われたんですね。

F：そうなんです。

M：なるほど、そうですねえ…。

F：もちろん私だって、誰かが作った料理なら、そんなこと言いませんよ。でもこの場合はそれと違いますから。どうして思ったことを言っちゃいけないんでしょうか。

M：うーんと、それは…誰のためにみんなが集まってるかってことですねえ。

F：え？

女の人はどんなことに驚いたと言っていますか。

答え　3

話の趣旨を聞き取り、その場の状況をイメージする必要がある。You need to grasp the gist of what is said and picture the situation in your mind.

この場合、「自分の歓迎会で行ったレストランの料理がおいしくなかったのでそう言おうとしたら、ダメだと言われた」という状況。男の人が「誰のためにみんなが集まってるかってこと」だと言っていることから答えを選ぶ。

7番　♫ BPT_1_19

男の学生と女の学生がアルバイトについて話しています。女の学生のアルバイト先でやめる人がいないのはどうしてですか。

M：今アルバイトしてる会社、人の入れ替わりが多くて、新人が入ってきても3か月とももたないんだよ。別に職場の人間関係が悪いってことはないんだけど。何でかなあと思って。

F：そうなんだ。ちなみに私がアルバイトしてる居酒屋、だれもやめないよ。みんな2年以上続けてる。

M：どこが違うんだ？　時給は同じだよね。仕事の時間って、自分の自由になるの？

F：うーん、まあね、でも居酒屋だから限界はあるよね。でもたぶんそういうことじゃないと思う。みんなモチベーションが高いんだよね。社長がよくみんなと話してるからじゃないかな。この店をどうやっていきたい、地域の人とどう付き合いたいとかって。

M：へえ、そうなんだ。うちも採用時研修ってあって、そのときに社長が会社の方針とか話すけどね。でもそれだと、膝突き合わせてって感じじゃないからなあ。

F：うん、そういう表向きなんじゃなくてね。身近で意見をやりとりしてるっていうふうな…。なんかそのせいで、人間関係もうまくいってる感じがするんだよね、うちの場合。

M：なるほどねー。

女の学生のアルバイト先でやめる人がいないのはどうしてですか。

答え　3

女の学生は「社長がよくみんなと話してる」「身近で意見をやりとりしてる」と言っていて、それが理由である。

例 ♬ BPT_1_22

ラジオで女の人が映画について話しています。

F：この前、例の大評判のミュージカル映画、見に行ったんですよ。すごく楽しみにしてたんだけど、ちょっとがっかりしました。あ、映像は本当にきれいで、もちろん音楽もよかったんですよ。んー、だけど、ストーリーが平凡で新しさがなくて…。うん、もうこの監督の映画は見ないだろうなあと思ってしまいました。

女の人は映画についてどう言っていますか。

1．映像もストーリーもよかった
2．映像もストーリーもよくなかった
3．映像はよかったが、ストーリーはよくなかった
4．映像はよくなかったが、ストーリーはよかった

答え　3

1番 ♬ BPT_1_23

大学で、教授が話しています。

F：脳神経科学という学問を聞いたことがありますか。この学問は、脳と心と意識の問題を取り上げる幅広い分野をカバーしています。えー、まだ漠然としていると思うので、ちょっと考えてみましょう。「心」とは何でしょうか。私たちはみんな心を持っています。でも心って何だろうと考えてみると、言葉ですぐには言い表せないですね。辞書を引くと、「人間の精神作用を総合的に捉えた呼び方」、と書いてあります。ある脳科学者によると、心は知・情・意・記憶と科学・意識の5つからなるといいます。

教授の話のテーマは何ですか。

1．脳神経科学の歴史
2．「心」の定義
3．辞書の役割
4．ある脳科学者の意見

答え　2

聞き慣れない言葉がたくさん現れるが、気にし過ぎず、大意を聞き取ること。You'll encounter many unfamiliar expressions, but instead of worrying about them, focus on capturing the gist of what is said.

教授は「『心』とは何でしょうか」「心って何だろう」と言っているので、「心の定義について話している」ことがわかる。

2番 ♬ BPT_1_24

ラジオで会社の経営者が話しています。

M：これは日本の教育スタイルに原因があるかもしれないんですが、日本人は、与えられた課題をこなすことが仕事だと考える人が多いんじゃないでしょうか。しかし、仕事はテストじゃないんです。与えられた空欄を埋めりゃいいってわけじゃありません。考えてください、世の中はめまぐるしく変化してるんですよ。課題は自分で設定しなきゃダメ、自ら解決していかなきゃダメなんです。自分が世の中にインパクトを与えようっていう、覚悟みたいなものが、必要だと思います。

経営者は何について話していますか。

1．日本の教育の改善すべき点
2．仕事に対するあるべき姿勢
3．学校の成績と仕事との関係
4．今後の社会の変化の方向

答え　2

選択肢のすべてが話に現れるが、テーマではない。テーマを選ぶために、話全体に注目すること。All answer choices appear in the audio material, but that doesn't mean they all represent the theme. To determine the theme, analyze the material as a whole.

経営者は「仕事はテストじゃない」「課題を自分で設定」「自ら解決」「世の中にインパクトを与えようという覚悟」と言っていて、「仕事に対する姿勢はどうあるべきか」について述べている。

3番 ♬ BPT_1_25

講演会で学者が講演しています。

F：えー、地方の若者は、高校を卒業すると約半数が大都市の大学に行きます。大学を卒業しても地元に帰ってくるケースは少ない。こうしてここでは若者が少なくなり高齢者の割合が多くなって、少子化が加速度的に進みます。一方で、大都市では地方から若者が来るため人口は増えますね。しかしそこでは企業活動が活発で女性も男性同様に働くので、結婚する人が少なくなったり、結婚する年齢が上がったりする傾向があります。こうして、大都市には若者が多いにもかかわらず、地方と同じ現象が起こるのです。

学者の話のテーマは何ですか。

1．高校を卒業した若者の行動
2．大都市の人口が増加する理由
3．地方も大都市も少子化が進む背景
4．女性の結婚に対する意識

答え　3

選択肢のどれもが話に関連している。テーマは何なのかを理解しなければならない。Every answer choice is connected to the material, so you need to concentrate on understanding what theme is being presented.

地方では「少子化が進み」「大都市は人口が増え」るが、「地方と同じ現象が起こる」ということから、「人口減少」「少子化」がテーマである。

4番 ♬ BPT_1_26

テレビでレポーターが話しています。

M：あれ？　駅の中に大きい自動販売機！　…と思ったら、なんとお酒ばかり。この地方のすべての日本酒がここに集合して、この自販機で売られているんですよ。その数、129種類！　お酒好きの方、大絶賛。500円でお好きな日本酒が楽しめるんです。名付けて「お酒の博物館」。えー、この地方は良質なお米と水に恵まれ、日本でも指折りの日本酒の生産地です。日本酒を造る工場がたくさんありますよ。その、酒どころならではのアイデア、お酒試飲自動販売機となっております！　飲んでみて気に入ったら、そこにある酒屋さんで瓶詰めのお酒が買えるんです。

レポーターは何を伝えていますか。
1．自動販売機がたくさん設置してある駅
2．試し飲みするためのお酒を売る自動販売機
3．たくさんのお酒を展示してある博物館
4．米と水から日本酒を造る工場

答え　2

現場からレポートしているので、状況を頭に思い浮かべながら聞くこと。「自動販売機」を紹介しているが、それは「試し飲みするためのお酒を売る自動販売機」である。「試飲（sampling (a beverage)）」という語が聞き取れなくても答えは選べるので気にしないこと。

5番 ♬ BPT_1_27

テレビでカウンセラーが話しています。

F：忙しいビジネスマンは、日ごろは睡眠不足ですから、週末に寝だめしていると思います。それもいいと思いますが、ただ寝ればいいのではありません。いつもの寝方と全然違う寝方を週末にすると、体が時差ボケのような状態になり、月曜日によけいに疲れを感じてしまいます。ではどう寝ればいいか。2つお伝えしましょう。まず、土日の朝寝坊は2時間までにすることです。いつも6時に起きているなら8時には起きましょう。次に、たぶん午後2時ごろになると眠くなるでしょうから、昼寝をしましょう。それも2時間以内にすることです。

カウンセラーは何について話していますか。
1．ビジネスマンの睡眠不足の要因
2．月曜日に疲れを感じる理由
3．睡眠不足を週末に解消する方法
4．早起きと昼寝をすることの効用

答え　3

いきなり「寝だめ（storing up sleep）」という言葉が現れるが、わからなくても気にしないこと。理解する

べきは単語ではなく大意である。「日ごろは睡眠不足」「ではどう寝ればいいか」と、週末の寝方によって睡眠不足を解消する方法を述べている。

6番 ♬ BPT_1_28

テレビの科学番組で科学者が質問に答えています。

M：はい、その質問にお答えします。えーと、まずものが見えるというのは、目に映った像が脳に送られて、脳が、見えたと感じることなんです。目だけじゃなくて脳も働いてるんですね。で、右の目にも左の目にも同じ像が映るんですが、目が2つあるからといって、1つのものが2つに見えたりはしませんね。なぜかというと、脳も右脳と左脳があって、目に映った像の半分ずつがそれぞれに送られるからなんです。で、そしてその半分ずつが脳の中で合わさって、全体が見えたと感じるわけなのです。

科学者はどういう質問に答えていますか。

1．目は2つなのに、なぜものが1つに見えるのか
2．左目と右目は何か違いがあるのか
3．脳はなぜ右脳と左脳に分かれているのか
4．右脳と左脳のそれぞれの役割は何か

答え　1

「どういう質問に答えているか」という変化球的な問いだが、「何を説明しているか」と同じことだから驚かないように。 "What sort of question is being answered?" may seem a curveball question, but it's simply asking what is being explained, so don't be thrown off by it.

「目が2つあるからといって1つのものが2つに見えたりはしない。なぜかというと～」という説明をしている部分から答えを選ぶ。

問題4（即時応答 Quick response）

例 ♬ BPT_1_30

M：悪いけど、そのパソコン使わせてくれないかなあ。

F：1．そうね、それ、悪いよね。
　　2．使っていいの？　ありがとう。
　　3．ああ、いいよ、どうぞ。

答え　3

1番 🎵 BPT_1_31

F：まったくうちの子ったら、自分の力だけで大学合格したとでも思ってるのかしら。

M：1．ほう、自分の力だけで合格したんですか。

　　2．先生やご家族の支援のおかげなんですけどね。

　　3．また来年、がんばったらいいんじゃないですか。

答え　2

まったく、〜ったら＝〜は、あきれた人だ

〜とでも思っているのか＝そんなことを思うのはとんでもないことだ／まったく考え違いだ

2番 🎵 BPT_1_32

M：初めてのプレゼンでは緊張して、ひたすら話しっぱなしでした。

F：1．時々、聞いている人に質問するとよかったですね。

　　2．初めてなんだから、話が途切れてもしょうがないですよ。

　　3．そうですか、だれが代わりにやってくれたんですか。

答え　1

ひたすら：そのことだけに気持ちを向ける様子

〜っぱなし：〜がずっと続く様子　※ここで「話しっぱなしでした」と言っているのは、本来は話すのを少しの時間止めるべきだったという気持ちがある。

3番 🎵 BPT_1_33

F：課長はタムさんにプロジェクトを任せたくらいだから、信頼してるんじゃないですか。

M：1．信頼してないから、プロジェクトを任せたくなかったんですね。

　　2．信頼してないのに、どうしてプロジェクトを任せたんですか。

　　3．そうですね、タムさんは課長に信頼されていると思います。

答え　3

〜くらいだから、…＝〜ほどのことをするのだから、…ということは明確だ

〜んじゃないですか＝〜だと思います

4番 ♬ BPT_1_34

> M：中山さんともあろう人が、あんなミスをするとはねえ。
> F：1．いつもは完璧な人なのにね。どうしたんでしょう。
>   2．ええ、この前も失敗していましたね。
>   3．ええ、あれは大したことないミスですよね。

答え　1

○○ともあろう人／ものが…＝いつもは完璧である○○なのに、今回は…(そうではなかった)

5番 ♬ BPT_1_35

> F：部長に話し方の欠点を指摘されて、まあもっともだなって、思ったんです。
> M：1．そうですね、悪いところなんてないですよ。
>   2．ちゃんと自分で認めてるんですね。
>   3．一番だって言われたんですか！

答え　2

もっともだ：(言われたことに対して)その通りだ　それを認める　※「ごもっとも」のようにも使う。
「一番」の意味を表す「最も」と混同しないようにすること。

6番 ♬ BPT_1_36

> M：私は、若い人たちの集まりに行くのは控えとくよ。
> F：1．そうですか、どこでお待ちになりますか。
>   2．そうですか、よかった。じゃあもあとで、会場で。
>   3．そんなことおっしゃらずに、いらっしゃってください。

答え　3

控える：そのことをしないでいる　遠慮する　※この場合「控えとく(控えておく)」は、行かない、行くのはやめておく、という意味になる。

7番 ♫ BPT_1_37

F：今、それどころじゃないのよ。

M：1．じゃあどんなところなんだ？

2．忙しいんだね、じゃあまたあとで。

3．僕はここにいるよ、そこじゃないよ。

答え　2

それどころじゃない：その余裕がない　そういう場合じゃない　ほかのことはしていられない　※この場合「〜どころ」は場所(所)を指すのではなく、自分の置かれた状況を述べている。

8番 ♫ BPT_1_38

M：今日の営業先では、見積もりの項目をいちいち質問されたよ。

F：1．大雑把な方だからね、向こうの担当者。

2．一つだけだったら、よかったじゃない。

3．細かくきかれて、勉強になったんじゃない？

答え　3

いちいち：一つ一つ細かく（通常は不必要なほど、という否定的な感情を伴う）

「一つずつ」「一つ一つ」とは異なるので注意すること。

9番 ♫ BPT_1_39

M：この度は、おわびのしようもありません。

F：1．では、もう少しわかりやすく書いてみましょうか。

2．おかげさまで、無事にプロジェクトが終了しました。

3．ええ、次からこのようなことのないようにお願いします。

答え　3

おわびのしようもない：言葉も見つからないほど申し訳ないと思っている

〜しよう も／が ない＝〜する方法が見つからない　〜することができない

10番 ♫ BPT_1_40

> M：この白いシャツ、ちょっと黄ばんじゃってるね。
> F：1．うん、買ったばかりで新しいからね。
> 　　2．あら、漂白剤使って洗ってみようか。
> 　　3．じゃあ、とりあえず縫っとくから。

答え　2

黄ばむ＝黄色くなる（通常、経年や使用により元の色が変化した場合に使う）　※〜ばむ＝〜のようになる　例 汗ばむ

11番 ♫ BPT_1_41

> F：ポスターの作成に手間を惜しまないようにね。
> M：1．はい、魅力的なポスターになるよう工夫します。
> 　　2．そうなんです、惜しいところで賞を逃しました。
> 　　3．わかりました、今日中に終わらせます。

答え　1

手間を惜しまない：手をかけ、時間をかけて何かを行うこと　※努力／協力／労を惜しまない

12番 ♫ BPT_1_42

> M：流暢に話す人より、たどたどしいほうが好感がもてるってことありますね。
> F：1．そうですね、話の上手な人は得ですよね。
> 　　2．ええ、誠意がある印象を受けますよね。
> 　　3．きちんと話す訓練をしたほうがよさそうですね。

答え　2

流暢に＝ペラペラと
たどたどしい：何かを行う様子が、不安定で未熟であること
好感がもてる：いいと感じる

13番 ♫ BPT_1_43

> F：この資格試験、とてもじゃないけど…。
>
> M：1．そうですね、ちょっと難しすぎますよね。
>
> 　　2．そうですね、ちょっとだけ難しいですね。
>
> 　　3．そうですね、あまり難しくないですね。

答え　1

とてもじゃないけど＝非常に（「とても」を強調した言い方）　※「とても」を否定しているわけではない

14番 ♫ BPT_1_44

> M：下手な者同士でゲームやってたらすごく上手な人が入ってきて、白けちゃったよ。
>
> F：1．教えてもらってよかったじゃない。
>
> 　　2．一人だけ強いと面白くないよね。
>
> 　　3．上手な人がいると盛り上がるよね。

答え　2

白ける：気分がこわれる　面白さが失われる　※「色があせて白くなる」ことから、面白さがなくなる、盛り上がっていた気持ちが失われる

問題5（統合理解 Integrated comprehension）

1番 ♬ BPT_1_46

小学校で男の先生と校長先生が話しています。

M：学校の東側の入り口ですが、前の道路が工事中ですよね。この前もボールが転がっていって、危ないところだったんです。何か処置をしたほうがいいんじゃないでしょうか。

F：そうですね。あそこは運動場のすぐ前だからね。一時閉鎖しましょうか。工事は今月末に終わるということだったから、それまでを目安にして。

M：そうですね。

F：では、校内に掲示するポスターを作ってもらえますか。まずは私が朝の全校集会で話すようにします。それと同時に、児童の保護者に連絡しないといけないですね。

M：はい。ですが先生、私は、まず子供たちの同意を得ることが大事かなと思いますが。

F：子供たちの同意というと？

M：クラスごとの話し合いで児童に問題を投げかけて、彼らが意見交換して考える形式を取ったらどうでしょうか。東入り口を登下校で使っている子供たちも多いですし、自分が決めたことだという意識を持たせたらどうかと思うんですが。

F：なるほどねー。で、子供たちが入り口閉鎖以外の案を出したらどうしましょう。

M：学校側の案を伝えて、それに賛成するかどうか話し合うとか。それでも反対するかもしれませんけど、それはそのとき考えると…。

F：うーん、行き当たりばったりな気もするけど。まあ、やってみましょう。子供たちの考えをきく姿勢は、学校として重要ですから。

これからまず何をすることになりましたか。

1．ポスターを作って掲示する　　2．学校全体の集会を開く
3．児童の保護者に連絡する　　　4．クラスごとに話し合いをする

答え　4

ここでは、このあとすぐしようとしているのは、「子供たちの同意を得る」ために「クラスごとの話し合い」を行う、という男の先生の提案を実行すること。

日用雑貨やお菓子の販売店で、課長と社員二人が話し合いをしています。

M1： えー、私たちの店はずっと、外国人観光客のお客様に対する販売を強化してきました。それで、まだまだ店や商品に改善の余地があるのではないかと思います。例えば通訳ができる店員だけど、今、英語と中国語ですよね、それはそのままでいいかどうか。

M2： そうですね、それは今のところ大丈夫じゃないでしょうか。

F ： 私は、商品をもっと開発したらいいと思うんですけど。お客様はお国へのお土産を買っているのに、日本製じゃない商品が多いって、どうなんでしょうね。ほとんどが外国製ですよね。

M2： 僕もそう思っていたんですけど、わりあいお客様はこだわってなくて、それより商品の面白さのほうにひかれてるように思いました。

M1： それに、日本製を多くするわけにはもういかない状況だしね。

F ： そうですよね。じゃあ、品物をもっと日本風にしませんか。うちのオリジナルのお菓子、パッケージに英語がありますよね。それをやめて、思いっきり日本語だけにするとか。

M1： なるほど、いいかも。漢字ばっかりとかくずしたひらがなとか、ウケそうだね。

M2： あと、フロアの案内板ですが、英語・中国語・韓国語だけでいいんでしょうか。通訳はともかく、案内板はもっと必要な気がしますけど。

M1： ああ、それはピクトグラムを使って視覚的にわかるように改善中なんだ。今、担当者が案を考えてて、来週にでも上がってくるらしいから。えーと、じゃ、さっきの件に絞って、話を進めてみよう。

何について話を進めることにしましたか。
1. 英語と中国語ができる販売員を配置する
2. 外国製の商品は店に置かない
3. 商品のパッケージを日本語だけにする
4. 各フロアの案内板をわかりやすくする

答え　3

ここでは、「パッケージに英語」があるのをやめて「日本語だけにする」ことを進めようとしている。ほかのものは、現在実施中あるいは現在は問題がない状況である。

3番 ♪ BPT_1_49

大学で、「卒業生の話を聞く会」の説明を聞いて、女の学生と男の学生が話しています。

F1：今日は、金融、食品、自動車、情報通信の各産業から、卒業生に来てもらっています。それぞれ時間が違いますから聞きたいものを選んでください。全部聞いてもいいですよ。えー、1時の会は金融業界。テーマは「銀行は将来なくなるか」です。ベンチャー企業との競争で銀行は大きく変わる、その展望です。2時の会は食品産業。食は人間の基本です。今日のテーマは「医者不要の食べ方」。病気知らずの食事、その内容についてです。3時は自動車です。テーマは「自動運転を楽しむ」。実現しつつありますから、これ、ホットな話題ですね。4時の会は情報通信。今後の革新が見逃せません。テーマは「『のどが渇いた』と植物が声に出す日」です。通信技術を使った発展は目覚ましいものがありますね。

F2：へえ、全部面白そうねえ。どれに行こうかな。私は、まず絶対聞きたい話は食品。食べるものが体を作るんだからとても大事だと思うし、就職先としても考えてるから。

M　：君は家で家庭菜園とかしてるからなあ、いいんじゃない？ 俺はやっぱり銀行の将来の話と、情報通信は外せないよな。

F2：どっちも技術革新の世界だし、最先端よね。テーマも衝撃的ですごく興味深い。でも時間が離れてるね、残念ながら。

M　：ああ、でも今日は2時にゼミの教授と話すことになってるから、中抜けするよ。

F2：じゃあちょうどいいね。私は今日は時間があるから、食品から聞いて最後まで聞く。金融は今日はいいや。自動車もどっちでもいいんだけど、そのあとのやつ、植物が話すって、どういうこと？ 植物好きな私としては、ちょっと知りたい。

M　：実際声を出して話すわけじゃあないと思うけどね。まあ、俺、金融を聞いて終わったらすぐ研究室に行って、植物が話すっていう話のときは戻ってくるよ。

F2：わかった。じゃあね。

質問1．女の学生だけが聞くのは、何時の会ですか。

質問2．男の学生と女の学生、二人とも聞くのは何時の会ですか。

質問1　答え　2

女の学生が聞く会のうち一人で聞くものを選ぶ。女の学生は「2時／食品」「3時／自動車」「4時／情報通信・植物が話す」の3テーマを連続して聞く。そのうち一人で聞くのは2時と3時の会。

質問2　答え　4

男の学生は、「1時／金融」のあと、教授と話すために「中抜け（途中で退出し再び戻ってくること）」し、「4時／情報通信・植物が話す」のときに戻ってくると言っている。

採点表 Scoresheet N1 第1回

得点区分別得点 Scores by scoring section

言語知識（文字・語彙・文法）Language Knowledge (Vocabulary/Grammar)

大問 Question	配点 Points	正解数 Correct	得点 Score
問題1	1点×6問		/6
問題2	1点×7問		/7
問題3	1点×6問		/6
問題4	1点×6問		/6
問題5	1.5点×10問		/15
問題6	2点×5問		/10
問題7	2点×5問		/10
合計			/60

基準点：19点　　目標点：25点

読解 Reading

大問 Question	配点 Points	正解数 Correct	得点 Score
問題8	2点×4問		/8
問題9	2点×9問		/18
問題10	2点×4問		/8
問題11	3点×2問		/6
問題12	3点×4問		/12
問題13	4点×2問		/8
合計			/60

基準点：19点　　目標点：25点

聴解 Listening

大問 Question	配点 Points	正解数 Correct	得点 Score
問題1	2点×6問		/12
問題2	2点×7問		/14
問題3	2点×6問		/12
問題4	1点×14問		/14
問題5	2点×4問		/8
合計			/60

基準点：19点　　目標点：25点

総合得点 Total score

/180

第1回の目標点：100点　　合格点：100点

【公表されている基準点と合格点 The official sectional passing score and total pessing score 】

※「基準点」は合格に必要な各科目の最低得点です。合計点が「合格点」以上でも、各科目の点が一つでもこれを下回ると不合格になります。基準点 (sectional passing score) is the minimum score required for passing a particular section. Examinees must achieve or exceed the sectional passing score for all sections to pass the JLPT.

※「配点」は公表されていません。この模擬試験独自の設定です。The number of points awarded for each question is not officially announced. The points listed above are only for this practice test.

※「目標点」は、本試験に絶対合格するためにこの模擬試験で同時取る必要があるかを示したものです。通常は、本試験では模擬試験よりも低い点数になるので、公表されている基準点と合格点よりも高めに設定しています。また、総合得点の目標点は、回を重ねるごとに高くなっています。目標点 (target scores) are the scores you need to get in this practice test to put yourself in position to pass the JLPT. The target scores have been set higher than the announced passing scores since scores in real tests tend to be lower than in practice tests. The target total score progressively rises for the three practice tests in this book.

解答一覧 Answers

N1 言語知識（文字・語彙・文法）・読解 Language Knowledge (Vocabulary/Grammar)・Reading

【ベスト模試 第1回】

受験番号 Examinee Registration Number

名前 Name

〈ちゅうい Notes〉

1. くろいえんぴつ(HB、No.2)でかいてください。
   Use a black medium soft (HB or No.2) pencil.
   （ペンやボールペンではかかないでください。）
   (Do not use any kind of pen.)
2. かきなおすときは、けしゴムできれいにけしてください。
   Erase any unintended marks completely.
3. きたなくしたり、おったりしないでください。
   Do not soil or bend this sheet.
4. マークれい Marking Examples

よいれい Correct Example	わるいれい Incorrect Examples
●	⊘ ⊘ ◑ ◐ ⊖ ⊗

問題 1

	①	②	③	④
1		●		
2			●	
3			●	
4	●			
5		●		
6				●

問題 2

	①	②	③	④
7	●			
8	●			
9	●			
10	●			
11			●	
12		●		
13			●	

問題 3

	①	②	③	④
14		●		
15	●			
16			●	
17				●
18			●	
19				●

問題 4

	①	②	③	④
20	●			
21		●		
22			●	
23	●			
24	●			
25		●		

問題 5

	①	②	③	④
26	①	②	③	●
27	①	②	③	●
28	①	●	③	④
29	●	②	③	④
30	①	●	③	④
31	●	②	③	④
32	●	②	③	④
33	①	②	●	④
34	①	②	●	④
35	①	②	●	④

問題 6

	①	②	③	④
36	①	●	③	④
37	●	②	③	④
38	①	②	●	④
39	①	●	③	④
40	①	②	●	④

問題 7

	①	②	③	④
41	①	●	③	④
42	①	②	●	④
43	●	②	③	④
44	①	②	●	④
45	①	●	③	④

問題 8

	①	②	③	④
46	①	②	●	④
47	①	②	●	④
48	①	②	●	④
49	①	②	●	④

問題 9

	①	②	③	④
50	●	②	③	④
51	①	●	③	④
52	①	●	③	④
53	①	●	③	④
54	①	②	③	④
55	●	②	③	④
56	●	②	③	④
57	①	②	③	④
58	①	②	●	④

問題 10

	①	②	③	④
59	①	●	③	④
60	①	●	③	④
61	●	②	③	④
62	①	②	●	④

問題 11

	①	②	③	④
63	●	②	③	④
64	①	●	③	④

問題 12

	①	②	③	④
65	①	●	③	④
66	①	●	③	④
67	①	②	③	●
68	●	②	③	④

問題 13

	①	②	③	④
69	●	②	③	④
70	①	②	●	④

解答一覧 Answers

N1 聴解 Listening

受験番号
Examinee Registration
Number

名前
Name

〈ちゅうい Notes〉

1. くろいえんぴつ(HB、No.2)でかいてください。
   Use a black medium soft (HB or No.2) pencil.
   (ペンやボールペンではかかないでください。)
   (Do not use any kind of pen.)

2. かきなおすときは、けしゴムできれいにけして
   ください。
   Erase any unintended marks completely.

3. きたなくしたり、おったりしないでください。
   Do not soil or bend this sheet.

4. マークれい Marking Examples

よいれい Correct Example	わるいれい Incorrect Examples
●	⊘ ◯ ◐ ◑ ⊖ ⦸

問題 1

問	1	2	3	4
例	①	②	❸	④
1	①	②	❸	④
2	①	②	❸	④
3	①	❷	③	④
4	①	②	❸	④
5	①	②	❸	④
6	①	②	❸	④

問題 2

問	1	2	3	4
例	①	②	❸	④
1	①	②	❸	④
2	①	②	❸	④
3	①	②	③	❹
4	①	②	❸	④
5	❶	②	③	④
6	①	②	❸	④
7	①	②	❸	④

問題 3

問	1	2	3	4
例	①	②	❸	④
1	①	❷	③	④
2	①	❷	③	④
3	①	②	❸	④
4	①	②	❸	④
5	❶	②	③	④
6	①	②	❸	④

問題 4

問	1	2	3
例	①	②	❸
1	①	②	❸
2	①	❷	③
3	①	②	❸
4	①	❷	③
5	①	②	❸
6	①	②	❸
7	①	②	❸
8	①	②	❸
9	①	❷	③
10	①	②	❸
11	❶	②	③
12	❶	②	③
13	❶	②	③
14	①	❷	③

問題 5

問		1	2	3	4
1		①	②	③	❹
2		①	②	❸	④
3	(1)	①	❷	③	④
	(2)	①	②	③	❹

N1 第2回 模擬試験
N1 Practice Test 2

解答と解説
Answers and Comments

言語知識(文字・語彙・文法) Language Knowledge (Vocabulary · Grammar)

問題1（漢字読み Kanji reading）

1 答え 3

【奔】ホン 意勢いよく走る様子 running very fast

奔走(する)：何かのためにあちこち駆け回って努力する exert oneself, be busy ~ing

「奔走」以外は「出奔」「奔流」などがあるが、使用頻度は低い。In addition to 奔走, this kanji can also be found in words such as 出奔 and 奔流, but they are rarely used.

1 紛争：争い もめごと dispute, conflict
2 搬送(する)：(車などで荷物を)運び、送ること carry, convey
4 伴奏(する)：(音楽用語)ほかの楽器で補助的に演奏すること accompany

2 答え 3

【荘】ソウ・ショウ 意重々しい おごそか solemn

【厳】ゲン・ゴン・きび-しい・おごそ-か 例厳密 厳格 威厳 ※主に「ゲン」と読む。「ゴン」は「荘厳」だけ覚えておくこと。This kanji is usually read ゲン. The only word you should learn for the reading of ゴン is 荘厳.

荘厳(な)：重々しく立派な様子 solemn

3 答え 4

【尊】ソン・とうと-い・たっと-い・とうと-ぶ・たっと-ぶ 例尊敬(する) 尊重(する) 尊大(な)

尊い：非常に価値が高い 地位や身分が高い うやまうべき noble, precious ※「たっと-い」とも読む This is also read たっと-い.

1 しつこい：容易にやめようとせず、うるさい様子 persistent, insistent

2 快い：気持ちのいい様子 comfortable, refreshing
3 はかない：長く続かない様子 short-lived, fragile

4 答え 3

【口】コウ・ク・くち 例人口 口調

【利】リ・き-く 例利益 鋭利(な) 左利き

口利き：仲介、紹介をすること putting in a word, mediation 例おじに就職の口利きを依頼する。

5 答え 4

【承】ショウ・うけたまわ-る 例承知(する) 承諾(する) 了承(する)

うけたまわる：受け入れる 従う hear, receive (from your superiors)

1 こだわる：どこまでも追求する 気にしなくてもいいような小さいことまで気にする stick to, be hung up on

2 よみがえる：生き返る 再び盛んになる revive, be brought back

3 おもんばかる／おもんぱかる：いろいろなことを思いめぐらす 考慮する give a lot of thought

6 答え 2

【跡】セキ・あと 例遺跡 追跡 足跡

【形】ケイ・ギョウ・かたち・かた 例形態 人形 形見

跡形：以前何かが存在していたとわかる跡 trace, mark ※「跡形もない」の形で使われる。

問題2（文脈規定 Contextually-defined expressions）

7 答え 1

背景：写真などの背後の光景 物事の背後にある事情 背後で物事を支えている事柄 background

2 生誕：(歴史上知られている人物が)生まれること birth 例 釈迦の生誕の地

3 後援(する)：(イベントや人物などを)後ろで援助する back, support 例 文部科学省が後援する催し

4 支柱：物が倒れないように支えている柱　何かを支えている存在 brace, prop 例 子供の成長は私の精神的な支柱だ。

8 答え 4

偏見：偏った見方　客観的な根拠のない非好意的な見方 prejudice 例 〜に対して偏見をもつ　〜に対する偏見を捨てる

1 奇異(な)：風変りな　普通と違うような　不思議な bizarre, odd, weird 例 奇異に感じる　奇異な行動

2 異同：違っている点　相違 difference 例 二人の考え方に異同がある　異同を調べる

3 偏向(する)：考えが偏っている be biased, be inclined toward 例 政治的偏向　偏向した教育

9 答え 2

使いこなす：ある物が持っている機能を理解し、十分活用する master, make full use of

1 使い回す：一つの物をいろいろな場面や目的で使う use the same thing for more than one purpose 例 一つの皿を、スープに、サラダに、スパゲッティに、カレーにと、使い回している。

3 取り合わせる：うまく組み合わせて一つの物を作る assort, combine 例 海の物、山の物、さまざまな食べ物を取り合わせて、正月の料理を作る。

4 取り仕切る：物事を引き受けて、責任を持って行う facilitate, run, manage 例 会議を取りしきる　家事を取りしきる

10 答え 3

ねぎらう：目下の人の努力に対して感謝し、いたわる reward, show appreciation ※目上の人に対しては使わない not used for superiors

1 極める：(よい場合も、悪い場合も)最上のところまで達する master, perfect 例 頂上／学問／芸術を極める　混乱を極める

2 ごまかす：不正をする　だます　うそをつく cheat, deceive 例 学歴／年齢をごまかす

4 からかう：相手が困るようなことを言って面白がる tease, make fun of 例 兄は弟をからかって遊んでいる。

11 答え 1

ローカル：地方　ある限られた地域　地域特定の local 例 ローカル路線、ローカル番組

2 カントリー：田舎 country 例 カントリークラブ(主にゴルフの会員制クラブ mainly refers to members-only golf clubs)　カントリーミュージック

3 タウン：町 town 例 ○○ニュータウン(新開発の住宅地 newly developed residential area)

4 ビレッジ：村 village

12 答え 4

圧倒(する)：ほかの物や人よりはるかに優れた力で勝つ overwhelm 例 語学力でほかの人を圧倒する　大声で主張する人に圧倒される

1 制約(する)：条件などをつけて自由にさせない constrain, limit, restrict 例 外国に滞在するには、法律上の制約がある　時間に制約されて自由に活動できない

2 制御(する)：(機械などを)望むように運転する、コントロールする control 例 コンピューターで自動制御する

3 圧縮(する)：押して縮める compress 例 空気を圧縮する　データを圧縮する

13 答え 2

※1〜4はすべて、逆の意味の漢字が組み合わさった熟語 All items in 1-4 are kanji compounds made up of characters with the opposite meaning.

進退：進むこと＋退くこと　職を続けるかやめる

か whether to advance or retreat, whether to resign or remain in a job 例 進退を決する　進退窮まる：進むのも退くのも困難　どうにもならない be in a fix

1　正誤：正しいこと＋間違っていること whether something is right or wrong　例 物事の正誤を判断する

3　盛衰：栄えること＋衰えること rise and fall, prosperity and decline　例 栄枯盛衰：社会や人が繁栄し滅びること（same as above）

4　清濁：清く澄んでいること＋汚く濁っていること clear and muddy, good and bad　例 清濁併せ呑む：清いことも汚いことも受け入れる、度量の大きい（人）be broad-minded, take the good with the bad

問題3（言い換え類義 Paraphrases）

14　答え　1

とっさ（の／に）：とても短い、瞬間的な時間 quick, prompt　例 とっさの判断　とっさにブレーキを踏んだ

15　答え　4

憂鬱（な）：気持ちがふさいで晴れ晴れとしない様子 depressed, blue
※「憂」「鬱」どちらも、心が沈んでいる様子を表す漢字 Both 憂 and 鬱 are kanji that express depressed feelings.

16　答え　2

懸念（する）：気にかかって不安に思う be concerned, be worried　例 安否／将来を懸念する　懸念を抱く／持つ　懸念がある

17　答え　3

案の定：予想した通り　※主によくない状況について述べる just as expected
案外：予想とは違って unexpectedly

18　答え　1

まとも（な）：まっすぐ　真正面　正当　ちゃんとしている decent

19　答え　4

覆す：ひっくり返す　倒す　決定などを根本から変える overturn　例 政権を覆す、常識を覆す

問題4（用法 Usage）

20　答え　1

なおさら：ある条件のもとで、程度がもっと進む様子 even more, all the more　例 練習でも緊張するのだから、本番はなおさらだ。
2 ►いまさらむり：「今更」は「もう遅い」ということを表す too late
3 ►ひたすら：そのことだけを考える様子 single-mindedly, devote oneself to
4 ►念のため：確認のため just in case, just to be sure

21　答え　2

覚悟（する）：困難な事態を予測してそれを受け止める心の準備をする prepare, determine　例 決死の覚悟で　覚悟はできている　覚悟がない
1 ►心配（する）　懸念（する）be worried/concerned
3 ►認識（する）be aware, understand
4 ►知覚　感知 perceive

22　答え　3

思い込む：固く信じる　真実でないことを真実だと信じてしまう mistakenly believe/assume　※思い込み：自分の考えが絶対だという気持ち believing that one is always right
1 ►思い続ける keep thinking
2 ►反映した reflected
4 ►思い／心を込めて with love, with all one's heart

23 答え 2

ずれ：（本来合っているべき）考え方や感じ方などの違い　位置などが基本から外れていること gap, difference (of opinion, etc.), misalignment　囫 考え方にずれがある　感覚／気持ち／意見のずれ　印刷のずれ　地面のずれ

1 ▶ 違い　差 gap, difference
3 ▶ 外れ losse, off the mark
4 ▶ 違い difference

※単に「差、違い」という場合は「ずれ」は使われない。ずれ is not used to express simple differences like those in items 1 and 4.

24 答え 4

けなす：欠点を取り上げて悪く言う criticize, vilify　囫 他人の作品／行動／人格をけなす

⇔ほめる praise

1 ▶ 非難される blame, condemn
2 ▶ 下げる drop, lower
3 ▶ 破壊されて be destroyed

25 答え 1

若干：はっきりしないがあまり多くない数や量　いくらか　多少　少しばかり some, a number of　囫 採用数は若干名だ　この試験は若干難しい

2 ▶ 浅いから
3 ▶ 若く見えるタイプで
4 ▶ 精神的に幼く、など

問題5（文の文法1（文法形式の判断）Sentential grammar 1 (Selecting grammar form)）

26 答え 2

もう少しで～ところだった：～なるまであと少しだったが、そうならなかった　※結果がよくても悪くても使える。This can be used for both positive and negative outcomes.

もう少しで勝てるところだった：勝てそうだった

けれども勝てなかった　囫 もう少しで階段から落ちるところだった：危なかったが落ちなかった

1 ～つつある：今、変化の途中であることを表す。This expresses that some change is occurring.

4 ～ことになっている＝～ことに決まっている　囫 学校は9時に始まることになっている。

27 答え 4

～かと思うと：「～とすぐ」の意味だが、「すぐ」という気持ちがあれば時間には幅がある。この場合も1、2年経っていても使える。This means "no sooner than ～. " Depending on the speaker's perspective, "sooner" can encompass relatively long time frames. In the case of the example provided here, it can be used even if one or two years have passed.

28 答え 2

～だけいい／ましだ：悪いことがあったが、そのことだけはよかったという気持ち。This is used to highlight the positive aspect of some negative situation.

29 答え 4

「ちゃんと聞いててよ」と言っているので、自分が言ったことをはっきり覚えている。したがって「言ったでしょう」が正解。「言ったんでしょう」だと、言った人が自分ではなく他の人ということになる。ちゃんと聞いててよ indicates that Yoko clearly recalls having told Masao the time, so 言ったでしょう is the correct choice. 言ったんでしょう has the nuance that someone other than Yoko told Masao the time.

30 答え 1

今は休んでいるが、忙しいときにずっと休み続けていることはできない。The speaker is taking time off now, but can't continue doing so at a busy time like this.

2 休もうとしない：周りの人は休んでほしいと思うのに、本人に休む意志がない。　The person

being talked about has no intention of taking time off, even though everyone around him/her wishes he/she would.

3　休まざるをえない＝休みたくないけれども、休まなければならない

4　休むまい＝休まないようにしよう・休まないだろう

31　答え　2

～たつもり：自分はそうしたつもりでも、相手はどう思っているか、あるいは実際どうなのかわからないときの表現。「わかったと思ったけれども、またわからなくなった」という状況。This is used to express that the speaker thought he/she had done the action, but now is unsure of whether it was actually accomplished.

1　わかっていながらも＝わかっているけれども

32　答え　4

～ようにして…する：「～するような気持ちで…する」というときの表現。

33　答え　4

～と存じます：「～と思います」の謙譲語。「存ずる」は「知る」の謙譲語でもあるが、使うときは「存じています」の形になる。This is a humble expression for ～と思います. 存ずる is also a humble equivalent of 知る, in which case it is used in the form 存じています.

2　存じています：「知っています」の謙譲語。

3　存じ上げる：相手側の上の人を知っている。「存じ上げている」「存じ上げない」の形で使う。This conveys that the speaker knows the listener's superior, and is used in the forms 存じ上げている and 存じ上げない.

34　答え　1

～というものではない：一般的に考えて～ではな

い　例　授業は出席すればいいというものではない。

3　～としかいいようがない：～というほかにはいい表現方法がない

35　答え　3

～をもちまして：「～をもって」の丁寧形 This is a polite form of ～をもって.

～をもって＝～で

1　～におきまして＝～において

2　～によりまして＝～によって

4　～につきまして＝～について

問題6（文の文法2（文の組み立て）Sentential grammar 2 (Sentence composition)）

36　答え　1

会社の帰りにちょっと 勉強する ぐらい では 合格する のはとても無理だろう

～ぐらい：この場合は「少ない」という気持ちがある。In this usage it conveys the nuance of insufficiency.

37　答え　3

就職活動を始めた時にはもう 募集している会社は ほとんどない という ような 状況にならないように、～

～ような：例としてあげたり、断定を避けたりするときに使われる。なくても意味は通じる。

38　答え　3

基本的な 知識を与えること なくして 子供たちの 創造力を 育てようとする 教育には無理があるようだ

「基本的な」に続くのは名詞であり、4の「知識～」。「与えること」に続くのは「なくして」。基本的な is followed by a noun, and 与えること is followed by なくして.

39 答え 1

みんなで折った千羽鶴には、多くの犠牲者を出した このようないたましい事故が 二度と起きないようにとの願いが 込められている。

この文の場合は後ろから考えていったほうがわかりやすい。It's easier to understand this sentence if you start at the end and work back to the beginning.
「込められている」の前に来るのは「願いが」。どんな「願い」かは「いたましい事故が二度と起きないように」。「このようないたましい事故」を説明しているのは、「多くの犠牲者を出した」。

40 答え 4

〜親は、この責任は全て学校にある と でも 言うか のような 態度だった

〜とでも言うかのような:実際はそうではないのに、そのような

問題7（文章の文法 Text grammar）

41 答え 4

「ブラウン管の中（の人）が自分を」なので、笑わせて（使役形）＋くれる

42 答え 2

「〜の時間は〜貴重な時間だった〜」
文章からも、これが貴重な時間であったことがわかる。This sentence makes it clear that the writer found it to be a rewarding experience.

43 答え 1

影響が誰かから自分に来る場合、自分の立場で言うと、「影響を受ける」となる。This changes to 影響を受ける when you describe an influence on you from someone else.

44 答え 3

「影響はベルトコンベヤーのように続いている」
→私のヒーローにもヒーローがいたはずだ。

45 答え 2

「フィルターを通すことによって違う方向にも進むが」、つまり受けた影響を自分なりに変えて進んでいくが、それでもつながっている。（受けた影響はどこかに残っていて、ずっと続いていることになる。This indicates that something has continued to be an influence on you.）

読解 Reading

問題8（内容理解（短文）
Comprehension (Short passages)）

(1)

46　答え　2

一般論が述べられているのか、筆者の考えが書かれているのかに注意しながら読む。As you read the passage, distinguish which points are general observations, and which represent the writer's opinion.
最後の1文に筆者の考えが表れているが「この考え方」とは何か。直前で「いくらがんばっても到達できるはずもない夢みたいなことを追いかけている」のは「夢物語」だと述べている。ここでいう「夢みたいなこと」「夢物語」というのは、現実離れしていることを表す否定的な表現。筆者は、そのようなものを追いかけないという考え方を持ってほしい、と言っている。

(2)

47　答え　3

情報のポイントは何なのかに注意して読む。As you read, concentrate on figuring out the point of the information presented.
本文の後半はすべてチケットの「払い戻し」について書かれているので、これがこの情報のポイントである。チケットの払い戻しについて、行うかどうか、会場窓口では行わないこと、詳細の確認が必要なこと、期間、の4つについて書かれているので、それぞれの正誤を判別する。

(3)

48　答え　3

最後の1文は非常に長いので整理しながら読むこ

と。The last sentence is very long, so try to parse it out as you read.
「その評価」が十分に広がっても、外国人観光客が増えないのは、「これら」が決定的な動機になっていないことを「認めざるをえません」という流れになっている。つまり、「その評価」が、日本の治安、マナーが良いことの評価であることがわかれば正解が導ける。

(4)

49　答え　1

指示語の内容を問う基本的な問題。This is a typical question that challenges you to identify what is represented by a demonstrative.
「耳」から学ぶことは軽視されがちだが（第1段落）、「耳のことば」こそ本来の教育のあり方である（第2段落）と述べている。第3段落では、「読み書き」中心の教育は歪んだ教育だが、高学歴の人が受けたために「それ」が正統であるという錯覚が生まれたと述べている。「読み書き」は文字による教育である。

問題9（内容理解（中文）
Comprehension (Mid-size passages)）

(1)

50　答え　4

文章に比喩（例え）がある場合、「どういう点について、何を何に例えているか」を理解する必要がある。哲学対話の中で残った疑問がくれる「考える力、考えたいという気持ち」を持ち帰って、後で楽しむことを「おみやげ」に例えている。

51　答え　3

まず、「哲学対話」がどのようなものであるかを理解する。主催者は「物足りないくらいがちょうどいい」「欲求不満が残る」のも悪くないと考えており、「疑問がいっぱい残る」。それを「おみやげ」として持ち帰り、家族や友人と話したり、自分自身と対話したりする。それこそが「本当の対話」であると言っている。

52 答え 1

直前の文の中の「自問自答する相手が豊かになっている」というのがどういうことかを考える。多くの人との対話を通して、いろいろな考え方を身につけることができる。自問自答する相手は、そのいろいろな考え方ができるようになった、つまり豊かな考えをもった自分自身である。

(2)

53 答え 3

直前に「自分が身体で習得した動きと自分は行わないパートナーの動きを見ているときで」脳の活動のしかたが異なる、とあるので、正解を導くのは容易である。「自分が身体で習得した動き」と「自分は行わないパートナーの動き」が対比されていて、「〜を見ているとき」は両者を受けていることに気をつけよう。

54 答え 4

指示語の指す内容を理解することは読解の基本である。The ability to identify the referent of a demonstrative is a fundamental reading comprehension skill.
第1段落でバレエダンサーを例に説明した内容を第2段落で一般化している。そこで述べられているのは、「自分が実際に身体を動かして習得しなければ、何千回、何万回観察していても、熟達者と同じような脳の働き方はするようにならない」ということで、「これ」は言語の習得も同じだと言っている。

55 答え 2

第3段落は、第1・2段落のまとめであり、新しいことは述べられていない。最後の文で、「すべてのことの学習・熟達過程について必要なこと」は「模倣から始めてそれを自分で解釈し、自分で使うことによって自分の身体に落とし込むということ」と言っている。

(3)

56 答え 3

論理的な文章では多くの場合、段落の初めに主題や言いたいことを端的に述べる「中心文」があり、その後に説明や例で中心文を補足する「支持文」がある。In logical writing, the first sentence of a paragraph is usually a topic sentence summarizing the subject or the point the writer wants to make, and is followed by supporting sentences that explain it or provide examples.
ここでは「弱者」を「自力で生活できない人たち」と考えるなら、弱者でない人は「一人もいない」と言っており、理由はその後に述べられている。

57 答え 1

「同じ」という場合、「何と何がどのような点で同じ」なのかに注意する。第2段落で「購入するモノやサービスの中身について問うことはほとんど意味がない」と述べ、「盲導犬や介助者」「ヘルパー」も「眼鏡」「付け人」も同じだと言っている。つまり、これらの力を借りるのは、自分の力ではできないことを何かに頼るという意味で同じである。

58 答え 3

本文前半は、モノやサービスを購入している、自分の力以外のものに頼っているという意味では誰もが弱者であるということを述べ、後半（「したがって〜」）では一般的にどのような人を「弱者」と考えるかが書かれている。「スポーツや将棋などの勝負の世界」についての例は一般的な話ではない。

59 答え　2

第1段落の筋を正しく追うことができれば容易に解答できる。This type of question is easy to answer if you are able to follow the logic of the first paragraph correctly.

大人になるにつれて、実現可能性についての情報を持つようになり、あきらめも生じやすくなる。また、情報が少ない時代には無邪気な希望を持つことができたが、高度情報化社会になると「そうもいかない」のだから、2が正解であるとわかる。

60 答え　3

この問いも、正しく筋を追うことで正解できる。This is another question that's easy to answer as long as you follow the logic correctly.

「夢や希望を持ちにくくなっている」理由は、第2段落の初めに書かれている。

61 答え　2

一定の関係とは、ここでは「仕事のやりがい」と子どもの頃からの「職業希望」との関係である。それが書かれているのは最後の2段落だが、その最後に「〜、もっともやりがい経験割合が高かったのは、当初の希望が別の希望へと変わっていった人たちだった」とある。

62 答え　1

本文の内容と合っているものを選ぶ問題は、多くの場合、筆者がこの文章で何が言いたいかを問う問題であると言える。筆者の言いたいことを読み取るのは、読解において最も重要である。For the most part, questions in which you select the answer matching the content of the passage are questions about what the writer is trying to say. The most important skill in reading comprehension is the ability to determine the message that writer is trying to get across.

この文章の前半では、希望を持ちにくくなっていること、希望の多くは失望に終わるものだということが述べられており、後半では仕事のやりがいと子どもの頃からの職業希望との関係が書かれている。最終段落で、職業希望があった人のほうがなかった人よりもやりがいの経験割合が高いということが読み取れれば、正解が導ける。

63 答え　2

このような問題は、文章の内容が選択肢のどれに当たるのかを確認しながら読むこと。When tackling questions like this, try to identify which choice is relevant to the content of the passage as you read it.

Aでは「グループ・ワークやディスカッションなど」、Bでは「他者と討論したり、グループで議論したり」と手法の例に触れている。

64 答え　4

Aは、注意すべき点はあるものの成功事例を挙げることで肯定的にとらえているが、Bは「意味のあるアクティブ・ラーニングを実施できる中学校は、少なくとも公立には存在しません。高校でも、ごく限られた進学校だけです」と否定的にとらえている。

65 答え　4

「なぜ〜か。その理由は〜」という形式でまず問題を提起し、その答えとなる「理由」を端的に述べた後で内容を詳しく説明している。Passages using the pattern なぜ〜か。その理由は〜 first present a question and then a concise answer/reason, followed by a detailed explanation.

理由は「無駄なエネルギーを使いたくないから」

なのだが、それについて「相手と関係を修復しようとするときに消耗するエネルギーばかりではない」「自分の感情と向かい合う。その作業にもエネルギーがいる」と述べている。

66　答え　4

指示語の内容を問う問題。This question asks you to identify what is represented by the demonstrative.
「そんな」が直接指す内容は前の段落に書かれているのだが、直後の「つまり」の後で、「自分と向き合うことを避けているのである」と言い換えている。

67　答え　1

「確かに自分と向き合うのは、やっかいな作業だ」というこの段落の中心文(段落の主題や中心的な内容を述べる文)に続く支持文(中心文を補足したり詳しく説明したりする文)をきちんと理解すること。「自分というものがなければ、面倒な葛藤も起きない」のだが、「自分」は必ずあるので、葛藤も起きることになる。「そうした葛藤をないふり、みないふりをしていれば」、「自分の感情さえわからなくなってくる」と書かれている。さらに次の段落には、「無意識のうちにねじ伏せ、こころの奥底に追いやった怒りの感情や葛藤は、決して消えてなくなりはしない」とある。自分と向き合うというのは、心の奥底に隠している自分の感情を自分で掘り起こす作業なのである。

68　答え　3

文章全体は「和解」することについて書かれているが、その中に「自分の気持ちを理解する」「自分の感情と向かい合う」「自分と向き合う」という類似した表現が何度も出てくる。このように繰り返されるのはそこに筆者の最も言いたいことがあるからである。

問題13(情報検索　Information retrieval)

69　答え　1

それぞれの選択肢のポイントである「延長の手続き」「貸出可能の点数」「コピー」にしぼって「利用案内」を確認する。「延長したい」の項目の中に、「電話、窓口で手続きする場合は、〜」とあるので、電話で手続きできることがわかる。

70　答え　3

問題指示文に書かれている条件をしっかり理解した上で、前問と同様に各選択肢のポイントをチェックする。Make sure you firmly understand the conditions stated in the instructions, and, as in the preceding question, go through the choices to see what each is about.
「返す」の項目の中に、「ブック・ポストで返せます」「ブック・ポストは、城東市役所本庁舎1階ロビー、城東駅西口事務所に設置しています」とある。

聴解 Listening

問題1（課題理解 Task-based comprehension）

例 ♬ BPT_2_04

会社で女の人と男の人が企画書について話しています。女の人はこのあと企画書のどの部分を直しますか。

F：新しいプロジェクトの企画書、どうでしょうか。どこか直すところがありますか。

M：ああ、全体的には、プロジェクトの目標が強く打ち出せていて、説得力あると思うよ。

F：ありがとうございます。あの、予算計画のところ、書き方はどうですか。いろいろ迷ったんですけど。

M：ああ、ここはこれですっきりしていていいんじゃないかな。えーと、それより気になったのは、マーケティングのところだけど。

F：はい。市場の分析の部分ですね。

M：うん。主なターゲットは30代から50代の男女、ってことだけど、この年齢層の生活調査がもっとほしいなあ。

F：あ、わかりました。もっとデータを探してみます。

M：そうだね。あとは、具体的なスケジュールなんかも、わかりやすく書けてると思うよ。

F：はい、ありがとうございました。ではさっきの点、さっそく修正します。

女の人はこのあと企画書のどの部分を直しますか。

答え　3

1番 ♬ BPT_2_05

外国人の男の人と女の人が看護師の資格について話しています。男の人はこれからまず何をしますか。

M：ジェニーさんは日本の看護師の資格を取られたそうですね。おめでとうございます。

F：ありがとうございます。

M：僕も取ろうと思ってるんですが、勉強の仕方を教えてもらえませんか。

F：ええ。もちろん日本語が大変、特に漢字が覚えられないですよね。私、最初は出てくる漢字は全部覚えていたんですが、それじゃストレスがたまるだけで……。とにかく職場で使う、よく見る漢字だけ覚えることにしたんです。語彙もそうです。文型も簡単なものだけ。看護の現場で使う言葉だけに集中しました。

M：なるほど。

F：看護の専門用語は国の言葉で知っているわけだから、それに日本語を当てはめていけばいいですしね。あと、患者さんも親切にいろいろ教えてくださって、その応援も精神的に支えになりました。

M：本当によかったですね。僕はまずさっきの勉強のヒント、実践してみます。貴重なお話、ありがとうございました。

男の人はこれからまず何をしますか。

答え　3

看護師の資格を取りたいと思っている外国人男性が、資格を取った外国人女性にアドバイスを求めている。男性は最後に、女性が言った、出てくる漢字を全部覚えるのは大変なので「看護の現場で使う言葉だけに集中しました」というヒントを実践すると言っている。

2番 ♫ BPT_2_06

日本語学校で先生と男の留学生が話しています。男の留学生はまず何をしますか。

F：大学院の入学願書、書類はそろった？

M：研究計画書があとちょっとででできあがります。成績証明書と卒業証明書はOKで……あとは、国の大学の先生の推薦状が必要なんですけど。

F：それはもうお願いしてある？

M：実は、教授にメールしたんですけど、まだ何も返事がなくて。書いてもらえなかったらどうすればいいでしょう。

F：じゃ、とりあえず大学に電話してみたら？

M：そうですね。じゃ、すぐしてみます。あと、研究計画書、今日中に書き終えますので、チェックしていただけますか。

F：いいですよ。じゃ、それは明日ね。

M：はい。えっと、それから、ここに受験資格事前審査ってあるんですけど、これは何でしょうか。

F：どれ、ちょっと見せて。あ、これは国での教育年数が短い人のためだから、大丈夫よ。

M：そうですか。よかった。じゃ、明日、よろしくお願いします。

男の留学生はまず何をしますか。

答え　4

成績証明書と卒業証明書はOKで、問題なのは国の大学の先生に書いてもらう推薦状である。先生にメールしたけれども返事がまだ来ていないので、「とりあえず大学に電話してみたら？」と言われ、「すぐしてみます」と答えている。研究計画書を今日中に書き終えると言っているが、まずすることは電話である。

会社で上司と女の社員が話しています。女の社員はこれから何をしますか。

M：山田さん、今度のプロジェクトの企画書、できた？

F：はい。見ていただこうと思っていたところなんです。これなんですけど、いかがでしょうか。

M：うん。あー、なかなかいいね。この協賛企業なんだけど、どの程度協力してくれるのか、決まってるの？

F：いえ、詳しいことはまだなんです。もし、これでよければ、細かい打ち合わせをするつもりです。

M：これで大筋はOKだから、向こうと連絡を取って、打ち合わせの日を決めといて。僕も同席するようにするから。

F：はい、わかりました。じゃ、今から連絡してみます。それから、今度の新人研修の件なんですが、講師の中井先生のご都合で今度の金曜日の夜ということになりました。該当する人たちには知らせてあります。

M：そうか、ありがとう。じゃあ、あとよろしく。

F：はい、さっそく。

女の社員はこれから何をしますか。

答え　1

プロジェクトの企画書(もう完成している)を見せながら話している。上司に「向こう(協賛企業)と連絡をとって、打ち合わせの日を決めといて」と言われ、「今から連絡してみます」と答えている。これが女の社員がこれからすることである。新人研修のことは報告しているだけである。

会社で上司と男の社員が話しています。男の社員はまず何をしますか。

F：ジェイさん、書類の整理、終わった？

M：もう少しで終わります。

F：じゃ、終わったらでいいんだけど、ちょっと頼みたいことがあるんだけど。

M：いいですよ。何ですか。

F：郵便局へ行ってこのサンプルを朝日商事に送ってほしいの。それから、ついでに郵便局で今度の研修の会場費を振り込んできて。

M：はい、わかりました。じゃ、書類の整理、大急ぎでやって、行ってきます。

F：悪いわね。私、明日の会議の資料作りを、急ぎでしなきゃならないから。

M：ついでに、何か買ってくるものとかありますか。お弁当、買ってきましょうか。食べに行く暇はないでしょう。

F：あ、ありがとう。じゃ、帰りにいつものコンビニの唐揚げ弁当、お願いしていいかな。

M：オーケーです。

男の社員はまず何をしますか。

答え　2

「書類の整理、大急ぎでやって、行ってきます」と言っているので、書類の整理を終わらせるのがまずすること。上司は書類の整理が「終わったら」「郵便局へ行って」と頼んでいる。順番に気をつけること。

5番 ♬ BPT_2_09

家で男の人と女の人が話しています。女の人はまず何をしますか。

M：引っ越しの業者、アール引っ越しセンターでいいよね。

F：うん。いいよ。でも、まだ全然整理ができてない。捨てるものは捨てないと。

M：段ボール箱があればもっと楽に整理ができるんじゃないか？　引っ越しセンターに電話して、下見に来てもらおう。そうすれば段ボール箱が何個ぐらい必要かわかるから。

F：そうね。でもその前に、この際だからいらないものはどんどん捨てて、荷物を減らさなきゃって思ってるんだけど。

M：段ボールを少なめに持ってきてもらって、大事なものから入れてって、入らないものは捨てるってことにする？

F：うーん、でも、段ボールが足りなくて捨てたくないものも入らないんじゃ困るんじゃない？　あとで段ボールを追加するのもめんどくさいし。ともかく、下見に来てもらう前に大急ぎでどれだけ捨てられるかやってみるから。

M：そうか。じゃ、まずその日にちを決めて、それまでになるべく整理をするってことにすればいいね。

F：そうね。じゃあ、とりあえず電話してくれる？

M：うん、わかった。了解。

女の人はまず何をしますか。

答え　4

「下見に来てもらう前に大急ぎでどれだけ捨てられるかやってみる」と言っているので、女の人がまずすることは、いらない物を捨てること。電話をするのは男の人。

会社で女の社員と上司が話しています。女の社員はこのあと何をしますか。

F：あ、田中さん、どこに行ってらしたんですか。お客様がいらしてますよ。

M：あ、いけない。ＡＢＣ物産の高橋さんだよね。約束してたんだった。別に油を売ってたわけじゃないよ。部長に呼ばれて今度のイベントの企画について説明してたんだ。

F：そうだったんですか。今、鈴木さんが応接室でお相手しています。あ、それから高田貿易の佐藤さんからお電話がありました。これはお急ぎではないようでした。

M：じゃ、佐藤さんにはあとで電話するよ。えーと、見積もりをコピーして持っていかないと…。

F：あ、じゃあ私がしましょうか。お二人分でよろしいですか。応接室に持っていきます。

M：あ、ありがとう。今、大丈夫なの？

F：ええ、イベントのポスターの打ち合わせ、さっき終わったところなんです。

M：じゃあ、お願いします。悪いね。

女の社員はこのあと何をしますか。

答え　3

見積もりのコピーを「私がしましょうか」「応接室に持って行きます」と言っているので、女の社員がこの後することは見積もりのコピーである。もう終わったこと、後ですること、ほかの人がしたことを、選択肢を見ながらチェックしていくとわかりやすい。

問題2（ポイント理解 Point comprehension）

例 ♪ BPT_2_12

家で高校生の娘と父親が話しています。娘はどうして先生に褒められたと言っていますか。

F：今日、学校で、先生にすごく褒められちゃった。

M：へえ。どうして？

F：あのね、今日クラスで自分で研究したことの発表会をしたの。私はね、どうして恐竜は絶滅したかっていうことを調べて、発表したんだけど。

M：なかなか面白そうじゃないか。そういえば、ネットで恐竜のことを調べてたなあ。絵も描いてたし。じゃあその発表がよかったって、褒められたんだな。

F：あ、そうじゃなくて、友達の発表に対して、よく質問したからなのよ。

M：おー、なるほど。それはいいことだね。

F：そう。それで先生は、興味を持って友達の話を聞いてるって、褒めてくれたの。

M：そうか、それはよかったなあ。

F：でもクラス全体はすごくざわざわしてたから、先生、ちょっと怒ってた。

M：ああ、静かに友達の発表を聞かない生徒、大勢いるだろうねえ。

娘はどうして先生に褒められたと言っていますか。

答え　3

1番 ♫ BPT_2_13

村の行政担当の男の人と女の人が野菜工場をつくることについて話しています。野菜工場をつくる目的は何ですか。

M：大手のレストランチェーンから、遊んでいる土地に野菜工場をつくりませんかって話が来たんだけど、どう思う？

F：空いてる土地って、製紙工場の跡ね？　野菜工場か。建物の中で野菜を作るってわけね。畑の作業より、肉体的にかなり楽よね。

M：そう。年取った農家の人たちも工場なら働けるだろう。今は高齢者が楽に働ける場所がないことが村の大きい問題になってるから、その対策としていいんじゃないかと思うんだ。

F：そうだね。工場って、全部コンピューターで管理できるんでしょう？

M：うん。栄養たっぷりの水とLEDライトで育てるんだって。工場で作った野菜は、そのレストランが全部購入することになるから、販売先の心配もない。

F：天気の影響を受けないから、値段も安定させられるしね。もちろん、働く人は高齢者だけではないわけだし。いいんじゃない？　村の人たちにも声をかけて話し合ってみようよ。

野菜工場をつくる目的は何ですか。

答え　1

「畑の作業より、肉体的にかなり楽」「年取った農家の人たちも工場なら働ける」「高齢者が楽に働ける場所がないことが村の大きい問題」で「その対策としていい」と言っている。したがって、野菜工場をつくる目的は高齢者が働ける場所を提供すること。

2番 ♫ BPT_2_14

女の人が男の人にインタビューしています。男の人はどういうことに誇りを感じると言っていますか。

F：山川さんは、ご自身でこの会社を立て直されたそうですね。

第1回　言語知識　読解　聴解

第2回　言語知識　読解　聴解

第3回　言語知識　読解　聴解

M：そうなんです。うちは小さい下請け工場でしたから、親会社の経営状態が悪くなるとその影響をもろに受けて倒産寸前だったんです。それで何とか親会社から独立して立て直したいと思い、今までの技術を何に生かせるか考えたんです。そこで思いついたのがこの鍋なんですよ。ただ、丈夫で熱効率もよく、デザインもおしゃれというものを作るのは大変でした。

F：ご苦労があったんでしょうねえ。

M：ええ。途中の段階で、普通の鍋としては基準をクリアしているので、売り出そうかという意見もあったんです。売れば収入になりますから。でもそこで、いや、普通のものを作ってもだめだ、本当に作りたい製品を作らなければと思い直し、やめました。勇気のいる判断でしたが、それが功を奏したんです。今では世界中で使っていただけるようになりました。

F：話に聞くと、有名なシェフも使っているそうですね。

M：はい、おかげさまで。あの苦しかったときに妥協しなかったこと、自分でも誇りに思っています。

男の人はどういうことに誇りを感じると言っていますか。

答え　3

「本当に作りたい製品を作らなければ」という判断が「功を奏した」と言っている。最後に「あの苦しかったときに妥協しなかったこと、自分でも誇りに思っています」と言っているが、「妥協しなかったこと」とは何なのかを考えないと答えは出ない。これは、普通の鍋ができた段階で妥協して売り出さずに、本当に作りたい製品ができるまでがんばった、ということである。

3番 ♬BPT_2_15

会社で男の人と女の人が話しています。取引先の人が怒ったのはどうしてですか。

M：困ったなあ。取引先を怒らせちゃったよ。

F：え、いったいどうしたの。

M：向こうから来週中に納品する予定だった品物を急に今週中って言ってきたんだよ。それで、それは無理だって言ったら、怒っちゃったんだ。

F：でも、それは向こうに原因があるじゃない。

M：僕の言い方が悪かったみたいで……はっきり、それは無理ですって言ったら、理由も聞かずにダメだって言ったって怒ったんだ。無理は無理でも妥協点を探そうともしなかったからご機嫌を崩したらしい。

F：じゃ、今から電話して、どうして納期を早めてほしいのか、きいてみたら？　話し合いの余地があるかもしれないでしょう。

M：でも、相手はカンカンだったからな。

F：そんなこと言ってたら、ビジネスなんてできないでしょう。やるだけやってみたら？

M：わかった。電話してみるよ。

取引先の人が怒ったのはどうしてですか。

答え　3

これは、誰が何と言ったのかを間違えないように聞く必要がある。「（男の人が）理由も聞かずにダメだって言ったって（取引先の人が）怒った」、「（男の人が）妥協点を探そうともしなかったから（取引先の人が）ご機嫌を崩したらしい」と言っている。つまり話し合いをせず、すぐに断ったから。

4番　♫ BPT_2_16

女の人と男の人が町内会で話しています。マンションが建つのを避けたいのはどうしてですか。

F：例の、水質試験場の跡地の件ですが、マンションを建てたいと言っている業者がいるそうですね。その建築会社って、信用できるんでしょうか。

M：役所の担当者の話では、まだ決まってないそうなんです。ただ、今話がある会社については問題ないと判断しているということですよ。それより、私が懸念するのは、人口対策なんです。あの広い土地にマンションが何棟も建ってしまったら、大幅に人口が増えることになりますからねえ。

F：そうですね。保育施設、学校、交通機関。今だって不足してますからねえ…。あの、マンションじゃなくて保育園とか幼稚園、それに子供たちの遊び場とか作る話、ないんでしょうか。

M：そうなんですよね。私もそう言ったんですよ。ただ、子供が増えて騒音が迷惑だという住民が多いそうなんで、役所としては二の足を踏んでるみたいです。

F：そういう考えはちょっとどうかと思いますけどねえ。老人施設のほうは、今年中に建築計画が立てられるらしいんだけど、子供の施設だって足りませんよね。

M：そうですねえ。ともかくマンションの建設は避けたいですよね。

マンションが建つのを避けたいのはどうしてですか。

答え　3

「私が懸念するのは、人口対策なんです。あの広い土地にマンションが何棟も建ってしまったら、大幅に人口が増えることになりますから」と言っている。つまり、マンションがいくつも建つと人口が増え、今も不足しているものに関する問題がもっと出てくるので、マンションが建つのは避けたい。人口が増えたときの問題ははっきり指摘していないが、「今だって不足してますから」という言葉から想像できる。

高校生の男の子と母親が話しています。男の子がボランティアがしたいという理由は何ですか。

M：ねえ、お母さん、僕、土曜日の午後、ボランティアしようと思うんだけど。

F：えっ、どうしたの、急に。

M：うん、ボランティア精神って、やっぱり尊いよね。

F：あらー、聡からそういう言葉を聞くとは意外だなあ。あのね、お母さんもしてたのよ、高校のとき。保護者がいない子供たちの施設でね。

M：えっ！ それは初耳。そうなんだ。

F：同じ学校のグループで施設に行って、食事作って食べさせたり、一緒に遊んだり、勉強見てやったりね。充実感、感じたねー。ほかの人たちもみんな、すごく生き生きしてて、いい体験だったよ。

M：へー、子供たち、うれしそうだったろうねえ。その笑顔だけでいいんだよね。自分が何かしたから何かもらうっていうんじゃなくてさ。僕、そこんところに感動したんだよね。

F：そうそう。わかってるじゃない。

M：そうだね。将来のために役立つとか、そういう計算高いんじゃなくてね。

男の子がボランティアがしたいという理由は何ですか。

答え　4

「自分が何かしたから何かもらうっていうんじゃなくて〜感動したんだよ」と言っていることから、何も報酬を求めないという考え方に感動したから、が答えだとわかる。母親の体験を選ばないように注意する。

女の人と男の人が交通安全週間の取り組みについて話しています。二人は何をいちばん強調することにしましたか。

F：交通安全週間ですけど、今年は何を打ち出しましょうか。

M：最近、自転車の事故が増えているでしょう。特に子供を乗せた自転車で。これはどうでしょうか。

F：そうですね。特に子供を二人乗せている場合ですよね。一人を抱っこ紐で抱っこして、一人は後ろの子供用シートに乗せている。あれ、規則違反ですし、とても危険ですよね。

M：そうですね、ともかく子供が一人でも二人でも子供は必ず子供用シートに乗せるということを徹底しなければいけませんね。

F：ええ、じゃあそれを大きく打ち出して、あとは、必ずヘルメットをかぶせることですね。それから歩道を走る場合、いつでも止まれるようにスピードを出さないということも気をつけてほしいですね。

M：自転車専用レーンがほとんどないというのが問題ですけどね。

F：確かにそうですね。でもそれは今ここでは何ともならないですね。では、今年の交通安全週間は、子供を乗せた自転車を取り上げましょう。

M：そうですね。そうしましょう。

二人は何をいちばん強調することにしましたか。

答え　2

「必ず子供用シートに乗せるということを徹底しなければいけません」「それを大きく打ち出して～」と言っている。それに加えて、ヘルメットをかぶせること、スピードを出さないことを挙げている。

7番　♬ BPT_2_19

男の人とカウンセラーが話しています。カウンセラーは何がいちばん大事だと言っていますか。

M：先生は人間関係をよくするための講座を開いてらっしゃるそうですが、何が大切なんですか。

F：そうですね。私はまず、人の話を聞く力を鍛えることが大切だって言うんです。聞き上手になるっていうことですね。伝えることももちろん大事ですが、それよりもまずはこっちからですね。

M：なるほど。

F：ある企業の研修で、「苦手だと思う人の話を聞く」という宿題が出たんだそうですが、これが予想以上の成果を上げたという話もあります。

M：はあ、それはどういうことですか。

F：ある人は、挨拶もろくに返そうとしない部下に帰りに駅のホームで思い切って「最近、どう？」と声をかけたんだそうです。そうしたら、その部下は少しずつ口を開き、30分もその場で話し続けたんだとか。そのあとは関係がよくなって心を開いてくれたそうです。相手に話させるきっかけを作るだけで人間関係がよくなったわけです。

M：ああ、働きかけですね。聞くっていうのは、相手が話してくるのを待つんじゃない、と。

F：ええ、そこがポイントです。でも自分がしゃべるんじゃなくて、相手の話を聞く、そして、タイミングよく相づちを打つ。自分の意見なんか言わなくていいんです。そうすれば相手の心を開かせることができるんです。

M：そうですか。わかりました。

カウンセラーは何がいちばん大事だと言っていますか。

答え　4

まず、「聞き上手になること」が大切だと言っているが、そのためには自分から相手に働きかけて、「相手に話させるきっかけ」を作り「相手の話を聞くこと」が必要だと言っている。カウンセラーの言葉を男の人が言い換えた言葉が正答になっているので、そこに注意する。

例 🎵 BPT_2_22

> ラジオで女の人が映画について話しています。
>
> Ｆ：この前、例の大評判のミュージカル映画、見に行ったんですよ。すごく楽しみにして
> たんだけど、ちょっとがっかりしました。あ、映像は本当にきれいで、もちろん音楽
> もよかったんですよ。んー、だけど、ストーリーが平凡で新しさがなくて…。うん、
> もうこの監督の映画は見ないだろうなあと思ってしまいました。
>
> 女の人は映画についてどう言っていますか。
>
> 1．映像もストーリーもよかった
> 2．映像もストーリーもよくなかった
> 3．映像はよかったが、ストーリーはよくなかった
> 4．映像はよくなかったが、ストーリーはよかった

答え　3

1番 🎵 BPT_2_23

> ビジネスの講習会でコンサルタントが話しています。
>
> Ｍ：「若さとは過去を持たないということだ。知識がないからこそいつも前向きの姿勢で
> いられるのだ。」これは、ある企業の創業者の言葉です。過去にとらわれることもな
> いし、中途半端な知識に邪魔されることもないからこそびっくりするような新しいこ
> とを考えつくことができる、というんですね。今の若い者は…と未熟であることを責
> めるのではなく、温かい目で見ています。優れたリーダーというのは、んー、若い人
> をそのまま認めてあげられる人なんですね。そして、彼らのアイデアをどんどん採用
> したのでしょう。だからこそこの会社は成長したのだと納得できました。
>
> コンサルタントは何について話していますか。
>
> 1．若い社員の育て方　　　　　　　2．優れたリーダーの考え方
> 3．会社の成長のさせ方　　　　　　4．いいアイデアの生み出し方

答え　2

「優れたリーダーというのは、若い人をそのまま認めてあげられる人なんですね。そして、〜」と言って
いる。優れたリーダーがどういうふうに考えて、若い社員を育てたり会社を成長させたりしたのかとい
うことを話しているので、テーマは優れたリーダーの考え方。

2番 🎵 BPT_2_24

女の人と男の人がテレビの音楽番組で話しています。

F：実は、この間初めてジャズ喫茶に連れていってもらったんですけど、音楽を聴きながらゆっくりコーヒーを飲むって、なかなかいいものですね。

M：そうなんですよ。私も昔はよく行きました。あー、1920年代の終わりごろ最初のができたみたいですね。普通の喫茶店やカフェと違ってここにはマナーがあるんです。あー、ほかのお客さんの邪魔をしない、つまり、音楽を聴くために来ているわけですから、おしゃべりしないことが基本なんです。スマートフォンなんかもマナーモードにしておかなきゃだめですね。あー、それから、音楽に集中していると、つい長居をしてしまうことがあると思うんですが、そういうときは、もう一杯、またはもう一品注文するようにすることです。

男の人は何について話していますか。

1．ジャズ喫茶ができた背景
2．ジャズ喫茶が人気がある理由
3．ジャズ喫茶の歴史
4．ジャズ喫茶でのマナー

答え　4

「普通の喫茶店やカフェと違ってここにはマナーがあるんです」と言い、いくつかのマナー、気をつける点を挙げている。

3番 🎵 BPT_2_25

アナウンサーがテレビで話しています。

M：では、次はアライグマの話題です。アライグマというと、アニメに出てくるかわいい姿を想像しますが、実際はかなり気性も荒く、ペットとして飼うのは難しい動物です。もともと日本にいたものではありませんので、外国からペットとして輸入されたんでしょう。そして捨てられたり逃げ出したりしたものが、今、野生化して農作物や人間の生活に大きな害をもたらしているのです。アライグマに悩まされている地域では何とか捕獲しようと必死になっていますが、なかなかうまくいかないとのことです。

アナウンサーは何について話していますか。

1．アライグマのかわいさ
2．アライグマを飼うことの勧め
3．日本のアライグマの現状
4．アライグマの輸出入

答え　3

外国からペットとして輸入され、捨てられたり逃げ出したりしたアライグマが、今、野生化して害をもたらしている、捕獲も難しい、という困った現状を述べている。

4番 ♫ BPT_2_26

レポーターがテレビで話しています。

F：ご覧ください。建設機械まで遠隔操作できる、人がいない建設現場のモデルです。こ
こ情報技術の国際見本市では、こんな技術が発表されています。例えば遠い外国にい
る人が、建設機械を動かし、工事に参加することができる、というわけです。昨日は、
会場で、約7キロ離れたところにあるブルドーザーなどの建設機械を遠隔操作する実
験が行われました。無人のショベルカーやダンプカーが土を掘ったり運んだりする姿
が披露されたわけですが、近い将来、これが当然のこととなるのでしょう。機械は人
工知能を搭載し、ますます進化していきます。

レポーターは何について伝えていますか。

1．国際見本市の未来のあり方
2．建設作業員の現在の仕事の仕方
3．先端技術を使った建設現場の様子
4．建設機械を使った実験の結果

答え　3

国際見本市で「建設機械を遠隔操作する実験が〜披露された」と言っている。人工知能を搭載した機械
が建設現場で遠隔操作される様子、つまり先端技術を使った建設現場の様子について語っている。

5番 ♫ BPT_2_27

男の人が店で放送しています。

M：ご来店ありがとうございます。本日は当店がこちらに店を出しまして、ちょうど10
年になります。開店以来、滞りなく営業を続けてまいりましたのも、皆様のご愛顧の
おかげと感謝しております。それで、本日は大感謝デーのセールを行っております。
全品10％引きです。また、特別サービス品もご用意しておりますので、ぜひこの機
会にお買い求めください。なお、おかげさまで本日はお客様が多く、大変混雑してお
ります。小さいお子様をお連れのお客様、お年寄りのお客様へのご配慮、どうぞよろ
しくお願いいたします。

男の人は何について放送していますか。

1．感謝セール開催のお知らせ
2．開店以来の10年間の流れ
3．買い物中の客の安全性
4．特別に安い品物の紹介

答え　1

「本日は大感謝デーのセールを行っております」と言っているので「感謝セール開催のお知らせ」が答え。

6番 ♬ BPT_2_28

女の人が学校で話しています。

F：1871年、6歳のときにアメリカに留学した津田梅子、日本人初の女性留学生の一人です。梅子は11年の留学を終え、日本に帰って来ましたが、仕事はありません。政府は留学生を送り出しておきながら、帰って来た女子留学生が活躍できるような仕事は用意していなかったのです。失望した梅子はもう一度アメリカに留学します。そして、帰国後はいくつかの学校で英語教師をしていたのですが、その後、かつての留学仲間の協力を得て女性のための学校を設立したのです。

女の人は何について話していますか。

1．津田梅子が留学した理由
2．津田梅子が学校を設立するまで
3．津田梅子とほかの留学生との関係
4．津田梅子の留学生活

答え　2

「6歳のときに〜学校を設立したのです」と、津田梅子の学校設立までのことを述べている。

問題4（即時応答 Quick response）

例 ♬ BPT_2_30

M：悪いけど、そのパソコン使わせてくれないかなあ。
F：1．そうね、それ、悪いよね。
　　2．使っていいの？　ありがとう。
　　3．ああ、いいよ、どうぞ。

答え　3

1番 ♬ BPT_2_31

F：こうなったら、やるしかないでしょう。
M：1．そうだな。無理するのはやめよう。
　　2．そうか。やるわけにはいかないね。
　　3．そうだね。がんばろう。

答え　3

「やるしかない」＝やる以外に方法はない。したがって、「がんばろう」が続く。

2番 ♫ BPT_2_32

M：海外出張といっても、言葉がわからないわけじゃあるまいし、そんなに心配すること
　はないよ。
F：1．言葉がわからないんだから、しょうがないんです。
　　2．言葉は大丈夫ですけど、でもやっぱり心配なんです。
　　3．ええ、心配することはいろいろあります。

答え　2

「言葉がわからないわけじゃあるまいし」＝言葉はわかるんだから。したがって、「言葉は大丈夫ですけ
ど～」が続く。

3番 ♫ BPT_2_33

F：川田君、ここのところ、計算、間違ってるじゃない。
M：1．え、あ、すみません。やり直します。
　　2．それは大変ですね。
　　3．はい、間違わないようにやりました。

答え　1

「間違ってるじゃない」＝間違っていますよ。したがって、「すみません」が続く。

4番 ♫ BPT_2_34

M：田中さん、どうしたんだろう。もう来てもよさそうなものなのに。
F：1．ああ、来てもよかったよね？
　　2．来たほうがいいのにね。
　　3．おかしいよね。ちょっと連絡してみよう。

答え　3

「来てもよさそうなものなのに」＝来ていて当然なのに、まだ来ていない。したがって、心配している「お
かしいよね」が続く。

5番 ♬ BPT_2_35

F：実は一身上の理由で、残念ながら今月いっぱいでやめさせていただくことになりました。

M：1．それはよかったね。おめでとう。

　　2．え、いったいどうしたの。

　　3．いや、そんなことはないでしょう。

答え　2

「一身上の理由で〜辞める」と言っているので、「どうしたの」と理由をきく言葉が続く。

6番 ♬ BPT_2_36

M：えー、今月中に完成させるべく、皆さんにもご協力お願いします。

F：1．え、それは厳しいんじゃないですか。

　　2．あ、そんなことは気にしていませんから。

　　3．ああ、そうだったんですか。

答え　1

「完成させるべく」＝完成させるように。これに対して「それは厳しい（難しい）」と応じている。

7番 ♬ BPT_2_37

F：山村さんに今さら頼んだところで……。

M：1．じゃ、頼んでみよう。

　　2．で、何て言ってた？

　　3．もう引き受けてはくれないよね。

答え　3

「今さら頼んだところで」＝今さら頼んでも。この後には、期待した結果にはならないという言葉が続く。

8番 ♫BPT_2_38

> M：もし道がわからないようなら、一緒に行きましょうか。
> F：1．え、道がわからないんですか。
> 　　2．そうしていただければ、助かります。
> 　　3．じゃ、道を覚えてください。

答え　2

「わからないようなら、一緒に行きましょうか」と、相手がわからないのを察して申し出ているので、「そうしていただければ助かります」が続く。

9番 ♫BPT_2_39

> F：お誘いいただいてありがとうございます。参加したいのはやまやまなんですが。
> M：1．ええ、参加したい人はたくさんいるんです。
> 　　2．あ、よかった。じゃ、楽しみにしています。
> 　　3．あ、それは残念ですね。

答え　3

「～たいのはやまやまなんです」は、そうしたい気持ちは大いにあるが不可能なときに使うので、「それは残念ですね」が続く。

10番 ♫BPT_2_40

> M：斎藤君に会ったけど、お父さんの代わりに店をやってるんだって。お父さん、かなり悪いらしいよ。
> F：1．まあ、それは心配ね。
> 　　2．お父さんとけんかしたのね。
> 　　3．悪いことは改めてほしいよね。

答え　1

この場合の「悪い」は、体調や病状がよくないという意味。したがって、「心配ね」が続く。

11番 ♬ BPT_2_41

> F：やるだけのことはやったよね。
> M：1．そうだね。少ししかできなかったね。
> 　　2．うん、もう少しがんばれたような気がするね。
> 　　3．うん。結果はどうでも後悔はしないね。

答え　3

「やるだけのことはやった」＝できる限りのことはやった。したがって、「（これ以上はできなかったのだから、）結果はどうでも後悔はしない」が続く。

12番 ♬ BPT_2_42

> M：これ、明日までなんて、知らなかった。でも何とかしないわけにはいかないよね。
> F：1．うん。がんばって何とかしようよ。
> 　　2．できなくてもしょうがないよね。
> 　　3．そうだね。あきらめよう。

答え　1

「何とかしないわけにはいかない」＝何とかしなければならない。したがって、「がんばって何とかしようよ」が続く。

13番 ♬ BPT_2_43

> F：え、それじゃ話が違うじゃない。今度はみんなで行こうって約束したのに。
> M：1．違う話はしてないよ。
> 　　2．だめになっちゃったんだから、しょうがないだろう。
> 　　3．みんなで行けばいいじゃない。行こうよ。

答え　2

「話が違う」は、「約束していたことと実際の状況が違う」と言うときなどに使う。したがって、「だめになっちゃったんだからしょうがないだろう」が続く。

第1回　言語知識　読解　聴解　　第2回　言語知識　読解　聴解　　第3回　言語知識　読解　聴解

14番 ♬ BPT_2_44

F：先ほどのお話ですが、やはりこちらではお引き受けいたしかねます。

M：1．あ、お世話になります。

2．それはありがとうございます。

3．そうですか。残念です。

答え　3

「お引き受けいたしかねます」＝引き受けられない。「～かねる」＝～できない。したがって、「そうですか。残念です」が続く。

問題5（統合理解 Integrated comprehension）

1番 ♪ BPT_2_46

会社で女の人二人と男の人が話しています。

F1： 今度の新人の採用についてなんですが、外国の人の応募も多いですね。

F2： ええ、それで、いろいろ考慮して四人に絞ったんですが、外国人枠は二人ですね。この中から二人選ぶんですが、資料ありますか。特に日本語の力が知りたいんですが。

M ： はい、ここに。えっと、まず、アダムさんですが、今、日本の大学の４年生です。日本語には問題ありません。それからビルさんは日本語の会話は完璧ですが、漢字はちょっと苦手のようです。今、日本の会社に勤めていますが、転職したいそうです。カールさんは日本語はまだまだ不安が多いんですが、ＩＴに関する専門知識はすばらしいです。今、日本語学校に通っています。最後のダニーさんは、日本の大学院の２年生ですが、英語で研究しているそうです。日本語は日常会話程度なら何とかなりそうです。

F1： そうですか。この方たちの日本語力と、そのほかの資質や経験などを合わせて考えた場合、何を優先させるのがいいでしょうね。

M ： ここに残った人はみんな、資質や能力の点では非常に優秀です。

F2： 以前、日本語にはかなり不安があるけれど、そのほかの面で優秀だからと採用した人がいたんですが、結局言葉の問題でストレスがたまって、帰国してしまいました。そういうことを考えると、日本語力は大きいと思います。漢字は別として。

F1： コミュニケーションのほうが重要でしょうからね。そうすると……。

M ： 結局、日本語に問題のない二人ということになるでしょうか。

F2： そうですね。

三人はだれとだれを採用することにしましたか。

1． アダムさんとビルさん
2． アダムさんとカールさん
3． ビルさんとダニーさん
4． ビルさんとカールさん

答え　1

このような問題は、一つ一つきちんとメモをとっていかないとわからなくなるので注意。This type of question can be confusing if you don't keep close track by taking notes on all the key points.

「日本語に問題のない二人」「漢字は別として」と言っているので、日本語には問題がないアダムさんと、会話が完璧なビルさんを採用する。

会社で男の上司と女の社員が話しています。

M：中野さん、ジムに通ってるって聞いたけど、どこのジム？

F：駅の近くのＡＢＣジムなんですけど、課長、ジムにいらっしゃるんですか。

M：うん。行きたいと思って。この間の検査で体重を落とすように言われちゃったんだ。何しろ運動不足だからね。

F：私が行ってるところは女性限定なんです。確か、駅前にもう一つ……ネットで調べてみますね。あ、コタニジム。いろいろなところにあって、会員証を持っていれば、どこの施設でも利用できるそうですよ。1か月の料金で何回行ってもＯＫだし。

M：あー、そういえば、コタニジムって、うちのほうにもあるなあ。

F：じゃあいいかもしれませんね。あとは…スーパージム。駅の向こう側ですね。宣伝課の杉本さんが行ってますよ。杉本さん、かなりやせましたから、効果はあるんじゃないですか。そういえばモトキジムっていうところも…。あ、ここです。安いし、すごく丁寧に教えてくれるらしくて評判いいんです。ちょっと駅から遠いですかね。

M：うーん、駅の向こう側はちょっと。駅から遠いのも不便だし、通えないだろうな。

F：それなら、さっきの。平日は会社の近く、土日はお宅の近くでっていうことになされば、しっかり運動できますよ。

M：そうだね。ここがいちばんいいかな。じゃ、さっそく今日の帰りに寄ってみるよ。ありがとう。

男の人はどこに行ってみますか。

1．ＡＢＣジム
2．コタニジム
3．スーパージム
4．モトキジム

答え　2

会社の近くにも家の近くにもあるジムは、コタニジム。ほかのジムは、女性だけだったり、駅から遠かったりなどの理由で無理である。

3番 ♫ BPT_2_49

インターンシップについての話を聞いて、学生二人が話しています。

F1：え、では今からインターンシップの申し込みを受け付けている企業を紹介します。手元の資料の番号に注目してください。まず1番。山本産業です。8月の1か月間で、初めの2週間は工場で実際の物作りを体験、後半は本社での実習です。2番はABCツアー、旅行会社です。旅の企画に参加して意見を言ってほしいそうです。6月と9月の2回、どちらかに参加できる方。それぞれ3週間ずつです。3番、東京保険、大手の保険会社です。顧客サービスの一から十までを実際に経験してほしいとのことです。そして、4番はスタープロダクション。テレビ番組の制作会社です。番組ジャンルとしてはエンターテインメントですが、イメージと異なる地味な番組制作現場で、体力勝負だそうです。期間は6月から8月までの間の4週間ぐらいです。

F2：ねえ、林君、どうする？

M：うーん、僕、就職は金融関係志望だから、まずここを考えたんだけど。でも、いろんな体験をする意味で、全然違う分野にチャレンジしてみてもいいかなって思ってるんだ。今は、どの業界も分野外の多様な考え方が必要だし。

F2：これで就職が決まるわけじゃないんだから、就職志望先とは違ってもいいかもね。

M：うん。やってみたいのは番組作りなんだ。体力なら自信あるよ。

F2：うふふ。私は物作りの現場に興味があるけど、8月はだめなんだ。もう一つやりたいのは、旅行。企画に参加っていうのが魅力だなあ。

M：あ、それなら時期的にもいいじゃない。そうすれば。

F2：うん、そうする。

M：じゃ、僕は体力勝負で。

質問1．女の学生はどの会社のインターンシップに参加しようとしていますか。
質問2．男の学生はどの会社のインターンシップに参加しようとしていますか。

質問1　答え　2

このような問題は、最初の説明部分できちんとメモをとっておかないと、できなくなる。Unless you take good notes on the explanation at the beginning, you'll have a very hard time answering this type of question.
女の学生は「やりたいのは、旅行」と言っている。→2番目のABCツアー

質問2　答え　4

男の学生は「やってみたいのは番組作り」と言っている。→4番目のスタープロダクション

採点表 Scoresheet N1 第2回

得点区分別得点 Scores by scoring section

言語知識（文字・語彙・文法）Language Knowledge (Vocabulary/Grammar)

大問 Question	配点 Points	正解数 Correct	得点 Score
問題1	1点×6問		/6
問題2	1点×7問		/7
問題3	1点×6問		/6
問題4	1点×6問		/6
問題5	1.5点×10問		/15
問題6	2点×5問		/10
問題7	2点×5問		/10
合計			/60

目標点：25点　　基準点：19点

読解 Reading

大問 Question	配点 Points	正解数 Correct	得点 Score
問題8	2点×4問		/8
問題9	2点×9問		/18
問題10	2点×4問		/8
問題11	3点×2問		/6
問題12	3点×4問		/12
問題13	4点×2問		/8
合計			/60

目標点：25点　　基準点：19点

聴解 Listening

大問 Question	配点 Points	正解数 Correct	得点 Score
問題1	2点×6問		/12
問題2	2点×7問		/14
問題3	2点×6問		/12
問題4	1点×14問		/14
問題5	2点×4問		/8
合計			/60

目標点：25点　　基準点：19点

総合得点 Total score

/180

第2回の目標点：110点　　合格点：100点

【公表されている基準点と合格点 The official sectional passing score and total passing score 】

※「基準点」は合格に必要な各科目の最低得点です。合計点が「合格点」以上でも、各科目の点が一つでもこれを下回ると不合格になります。基準点 (sectional passing score) is the minimum score required for passing a particular section. Examinees must achieve or exceed the sectional passing score for all sections to pass the JLPT.

※「配点」は公表されていません。この模擬試験独自の設定です。 The number of points awarded for each question is not officially announced. The points listed above are only for this practice test.

※「目標点」は、本試験に絶対合格するためにこの模擬試験で何点取る必要があるかを示したものです。通常は、本試験では模擬試験よりも低い点数になるので、公表されている基準点と合格点よりも高めに設定しています。また、総合得点の目標点は、回を重ねることに高くなっています。 The target scores have been set higher than the announced passing scores since scores in real tests tend to be lower than in practice tests. 目標点 (target scores) are the scores you need to get in this practice test to put yourself in position to pass the JLPT. The target total score progressively rises for the three practice tests in this book.

解答一覧 Answers

N1
言語知識（文字・語彙・文法）・読解 Language Knowledge (Vocabulary/Grammar)・Reading
【ベスト模試 第2回】

受験番号
Examinee Registration Number

名前
Name

（● = マークされた解答 / marked answer）

問題 1
問	①	②	③	④
1	①	②	●	④
2	①	②	●	④
3	①	②	③	●
4	①	②	●	④
5	●	②	③	④
6	①	●	③	④

問題 2
問	①	②	③	④
7	①	●	③	④
8	●	②	③	④
9	①	●	③	④
10	①	②	③	●
11	●	②	③	④
12	①	②	③	●
13	①	●	③	④

問題 3
問	①	②	③	④
14	●	②	③	④
15	●	②	③	④
16	①	●	③	④
17	●	②	③	④
18	①	②	●	④
19	①	②	③	●

問題 4
問	①	②	③	④
20	●	②	③	④
21	①	●	③	④
22	①	●	③	④
23	①	●	③	④
24	①	●	③	④
25	●	②	③	④

問題 5
問	①	②	③	④
26	①	●	③	④
27	①	②	③	●
28	①	●	③	④
29	①	②	③	●
30	●	②	③	④
31	①	●	③	④
32	①	②	③	●
33	①	②	●	④
34	●	②	③	④
35	①	②	●	④

問題 6
問	①	②	③	④
36	●	②	③	④
37	①	●	③	④
38	①	②	●	④
39	●	②	③	④
40	①	②	③	●

問題 7
問	①	②	③	④
41	①	②	③	●
42	①	●	③	④
43	①	●	③	④
44	①	②	③	●
45	①	●	③	④

問題 8
問	①	②	③	④
46	①	●	③	④
47	①	②	●	④
48	①	②	●	④
49	●	②	③	④

問題 9
問	①	②	③	④
50	①	②	③	●
51	①	②	●	④
52	●	②	③	④
53	①	②	●	④
54	①	②	③	●
55	①	●	③	④
56	①	②	③	●
57	●	②	③	④
58	①	②	③	●

問題 10
問	①	②	③	④
59	①	●	③	④
60	①	②	③	●
61	①	●	③	④
62	●	②	③	④

問題 11
問	①	②	③	④
63	①	②	③	●
64	●	②	③	④

問題 12
問	①	②	③	④
65	①	②	③	●
66	①	②	③	●
67	●	②	③	④
68	①	②	③	●

問題 13
問	①	②	③	④
69	●	②	③	④
70	①	②	③	●

解答一覧 Answers

N1 聴解 Listening

【ベスト模試 第2回】

受験番号
Examinee Registration Number

名前
Name

〈ちゅうい Notes〉

1. くろいえんぴつ(HB、No.2)でかいてください。
   Use a black medium soft (HB or No.2) pencil.
   (ペンやボールペンではかかないでください。)
   (Do not use any kind of pen.)

2. かきなおすときは、けしゴムできれいにけしてください。
   Erase any unintended marks completely.

3. きたなくしたり、おったりしないでください。
   Do not soil or bend this sheet.

4. マークれい Marking Examples

よいれい Correct Example	わるいれい Incorrect Examples
●	⊘ ⊗ ⊘ ◯ ⦵ ⊖ ⊕

問題 1

問	1	2	3	4
例	①	②	❸	④
1	①	②	③	④
2	①	②	③	④
3	①	❷	③	④
4	①	❷	③	④
5	①	②	❸	④
6	①	②	❸	④

問題 2

問	1	2	3	4
例	①	❷	③	④
1	①	②	❸	④
2	①	②	❸	④
3	①	②	❸	④
4	①	②	❸	④
5	①	❷	③	④
6	①	②	❸	④
7	①	②	❸	④

問題 3

問	1	2	3	4
例	①	②	❸	④
1	①	❷	③	④
2	①	②	❸	④
3	①	②	❸	④
4	①	②	❸	④
5	❶	②	③	④
6	①	❷	③	④

問題 4

問	1	2	3
例	①	②	❸
1	①	②	❸
2	①	❷	③
3	❶	②	③
4	①	②	❸
5	❶	②	③
6	❶	②	③
7	①	②	❸
8	①	②	❸
9	①	❷	③
10	❶	②	③
11	①	❷	③
12	①	❷	③
13	①	②	❸
14	①	②	❸

問題 5

問		1	2	3	4
1		❶	②	③	④
2		①	②	③	④
3	(1)	①	②	③	④
	(2)	①	②	③	④

N1 第3回 模擬試験
N1 Practice Test 3

解答と解説
Answers and Comments

問題1（漢字読み *Kanji* reading）

1 答え 3

【嫌】ケン・きら-い・きら-う・いや 例 機嫌が悪い in a bad mood（「ゲン」は特別な読み ゲン is a special reading）嫌気が差す be tired of

【悪】アク・オ・わる-い ※「悪」の読み方は多様なので注意すること Note that 悪 has various readings. 例 好悪 likes and dislikes 悪寒 chill 憎悪 hatred 悪人・悪者 villain, bad person 嫌悪する：憎み嫌う hate

2 答え 3

【万】マン・バン 例 一万 10,000 万一 one out of ten-thousand, in the unlikely event that 準備万端 be totally ready

【全】ゼン・まった-く・すべ-て
万全（な）：準備や計画などが完全で手落ちがない様子 perfect, thorough 例 警備に万全を期す

3 答え 4

【後】ゴ・コウ・のち・うし-ろ・あと・おく-れる 例 午後 雨後 後悔 後の 後味
後れる：ほかの人や物の後になる lag behind 例 ライバルに後れをとる 流行に後れる 時代後れ
後回し（にする）：順番を変えて後にする、優先度を低くする postpone something to give priority to other things
参考：先送り（する）：今しないで先に延ばす put off, postpone

4 答え 1

【練】レン・ね-る 例 熟練 expertise 試練 challenge

練る：よくするために検討し工夫する 例 計画を練る work out a plan 文章を練る polish one's writing

5 答え 4

【根】コン・ね 例 根拠 根気
【性】セイ・ショウ 例 性質 理性 個性 性分 相性
根性：何かをやり通す強い精神力 guts, spiritual strength（「-ん」の後なので、「ショウ」→「ジョウ」となる）The reading ショウ changes to ジョウ because it follows -ん

6 答え 2

【見】ケン・み-る・み-える・み-せる 例 見地 外見 一見 下見 見本
【栄】エイ・さか-える・は-える 例 栄養 繁栄 出来栄え
見栄え（がいい、がする）：外見がよく、目立っている look nice, stand out

問題2（文脈規定 Contextually-defined expressions）

7 答え 1

肝要（な）：非常に重要な、肝心な essential, crucial ※肝＝肝臓、要＝扇の要で、どちらも重要であることから。肝 means "liver" and 要 refers to the pin that holds together the slats of a folding fan, both very important things.
2 寛大（な）：心が広く、思いやりがある generous, broad-minded 例 寛大な精神を持つ
3 円滑（な）：障害などがなくすんなり進む様子 smooth 例 業務が円滑に進む
4 如実に：現実や事実の通りに truly, vividly, realistically 例 歴史上の事実を如実に物語る映像

8 答え 4

過ち（←過つ）：間違い 失敗 fault, mistake 例 過ちを犯す

※【過】の意味 ①過ぎる 例 過度 通過
②過つ commit a fault 例 過失

1 劣る：ほかの物より価値が低い be inferior ⇔勝る be superior 例 技量の劣る選手が試合で負けるとは限らない。

2 陥る：よくない状態に入り込む fall/get into（a bad situation） 例 スランプに陥る

※1、2とも名詞形はあまり使われない。The noun form is rarely used for cases 1 and 2.

3 患い（←患う）：病気 illness, sickness 例 長い患いの末に亡くなった。

9 答え 2

欠けている：そろっているべきものの一部がない lack, missing 例 サッカーのメンバーが一人欠けている。

1 漏れている：（水や光などが）すき間からこぼれ出ている leaking 例 雨が降って天井から水が漏れている。

3 こぼれている：（水などが）容器から外に落ちている spilling 例 コップから水がこぼれている。

4 あふれている：容器から盛り上がってこぼれるほどいっぱいである overflowing, be full of 例 ビールの泡がコップにあふれている 子供はエネルギーにあふれている

10 答え 3

是非：是（よいこと、正しいこと）＋非（悪いこと、正しくないこと） pros and cons, right and wrong 例 是非を論じる 是非を問う

※副詞も同様の形 This word also functions as an adverb. 例 是非外国に留学したい。I'd really like to study abroad.

1 縦横：縦＋横、南北＋東西 あらゆる方面 depth and width, all directions 例 縦横に活躍する。

2 成否：物事が思うように成る＋物事が思うように成らない success and failure 例 交渉の成否は受注金額次第だ。

4 緩急：緩い・遅いこと＋急な・速いこと high and low speed 例 物語を朗読するときは緩急をつけて読む。

11 答え 2

とぼとぼ：元気なく歩く様子 ploddingly

1 ぼこぼこ：くぼみや穴がたくさんできた様子 bumpy, pocked 例 事故で車がぼこぼこになった

3 くどくど：長々と繰り返してしゃべる様子 keep speaking on and on 例 くどくど文句を言っても逆効果だ

4 ぞろぞろ：大勢の人が列になって動く様子 in droves 例 政治家の後に記者がぞろぞろと続いた

12 答え 1

マーク（する）：ある人や物に対して注意を向ける mark 例 ノーマークの選手が金メダルを取る

2 エントリー（する）：参加するために登録する enter 例 東京マラソンにエントリーする

3 タッチ（する）：さわる 触れる touch 例 バスケットボールではボールを持っている選手にタッチするのは反則である

4 コネクト（する）：つなぐ 結ぶ connect

13 答え 4

引き返す：ゴールまで行かずに途中で元のところに戻る turn back

1 取り下げる：（願い出たものの手続きを）キャンセルする withdraw 例 訴訟／要求／入学の願書を取り下げる

2 取り戻す：再び自分のものにする take/win back 例 貸した金を取り戻す 落ち着きを取り戻す

3 引き止める：他人の行動を止める prevent someone from 例 会社を辞めようとする人を引き止めた

心行く：思い残すことがないほど十分に満足する

This expresses doing something until you are completely satisfied.

問題3（言い換え類義 Paraphrases）

14　答え　1

ひっきりなしに：絶え間なく、次から次へと

incessantly, one after another

※人などが常に出たり入ったりしている様子。「引き切り＝切れ目や区切り」で、「引き切りなし」→「ひっきりなし」となった。This expresses that people, etc. keep coming and going. 引き切り means "a cut" or "an endpoint." 引き切りなし evolved into ひっきりなし.

15　答え　1

辛うじて：余裕なくなんとか実現する様子、ぎりぎり、辛くも barely

※「辛い」は心情的な辛さを表し、「辛くして」→「辛うじて」となった。辛うじて evolved from 辛くして, which is a form of 辛い, meaning "emotionally painful."

16　答え　2

ほのめかす：暗示する、はっきりではなくそれとなく言う imply

17　答え　3

悟る：きちんと理解する、気づく、感づく become aware of, understand　例 運命を悟る、言外の意味を悟る

18　答え　4

極めて：非常に、この上なく、とても extremely

※フォーマルな場で使われることが多い固い表現、書き言葉的である。This is a stiff expression used mainly in writing and formal situations.

19　答え　2

心ゆくまで：満足するまで十分に　思う存分 to

問題4（用法 Usage）

20　答え　3

そっけない：相手に対して丁寧さ　思いやり　温かさが感じられない様子 cold, unfriendly

※問いかけに対して返事や反応する場合によく使われる This is often used to describe a person's response or reaction to a question.　例 そっけない返事／答え方／反応

1 ▶ 忌憚のない／遠慮のない／率直な
2 ▶ 簡潔に／手短に
4 ▶ すんなり／難なく／すぐに

21　答え　1

それる：予想や目標の場所と離れて別のところに行く turn away, turn off　例 投げたボールがそれる　話がそれる

2 ▶ 足を踏み外して
3 ▶ 行き違って
4 ▶ 外れて

22　答え　3

いかにも（〜らしい）：その特徴を備えている様子。まさにそうだ、見るからにそうだ indeed, really　例 いかにも医者らしい姿　いかにも本物らしい様子

1 ▶ 今
4 ▶ いつの間にか

23　答え　4

仕組み：物事の組み立て、構造、システム、メカニズム system, mechanism　例 社会／経済／政治／教育／機械の仕組み

1 ▶ 設営／準備

第1回 言語知識 読解 聴解

第2回 言語知識 読解 聴解

第3回 言語知識 読解 聴解

2 ▶ 仕込み／準備

3 ▶ 受け入れ

24 答え　2

尽きる：だんだん減っていってとうとうなくなる
run out　例 力／貯金／食べ物が尽きる

1 ▶ ついて

3 ▶ 使う／する

4 ▶ たまらない

25 答え　3

指摘する：大切な点や注意すべき点を指し示す、
ミスや失敗を示してわからせる point out

1 ▶ 連絡

2 ▶ 非難／批判

4 ▶ 説明

問題5（文の文法1（文法形式の判断）
Sentential grammar 1 (Selecting grammar form)）

26 答え　2

信じさえしなければ：「信じなければ」の強調
動詞マス形＋さえしなければ：「～なければ」の
強調 Emphatic version of ～なければ.

27 答え　3

同じ動詞「考える」を二回繰り返すことによる強
調 An emphatic effect is created by repetition of the verb
考える.

考えに考えて：よくよく考えて　徹底的に考えて
動詞マス形＋に＋動詞　例 悩みに悩んだ末の結論

1 考えれば考えるほど：～ば＋動詞辞書形＋ほ
ど　例 考えれば考えるほどわからなくなる

2 考えても考えても　例 考えても考えてもわか
らない

4 考えようが考えまいが：考えても考えなくて
も（結果は同じ）

28 答え　2

復旧させるべく＝復旧させるように／ために　例
首脳会談を成功させるべく、あらゆる手を尽くす。
予定どおり出荷するべく、作業を急ぐ。

29 答え　4

刺されでもしたら：「刺されたら」より「万一」
という気持ちが強く、結果もより深刻である。
Compared with 刺されたら, this more strongly conveys
the sense that the event is unlikely to occur, and suggests
a very serious outcome.

30 答え　1

～にもほどがある：「～は限度を超えている」と
いう意味で、非難の意を込めて使う。This is used
to criticize a certain behavior/situation as being excessive.

2 ～きりがない＝終わりがない

3 ～んばかりだ＝まるで～というように　今に
も～しそうな様子だ

4 ～かねる＝～できない

31 答え　3

どうしたものかと＝どうしたらいいだろうかと
（悩んでいる）

1 どうなることか：どうなるかなと思っている。
Wondering/worrying about how something will turn out.
「どうなる」は自分の意志ではない。

2 どうなろうと＝どうなっても

32 答え　1

「先月はアフリカに、今月は南米に」と～
「と」が前にある文をまとめており、この部分が次
に来る文の内容を詳しく言っている。Here, と signals
that the preceding statement is described in greater detail
by what follows.

33 答え 4

～はないにしても、～＝～ないことは認めるが、でも～　～ないことは事実だが、でも～
「完璧（かんぺき）というほどでは」に続（つづ）くものは「ない」。「完璧（かんぺき）というほどではないが、かなり正確（せいかく）だ」という意味（いみ）の文（ぶん）である。

34 答え 1

奇跡（きせき）以外（いがい）のなにものでもない＝まさに奇跡（きせき）であって、ほかのものではない。
2 言（い）いようがない＝言（い）う方法（ほうほう）がない
3 ありえない＝絶対（ぜったい）にない
4 言（い）い切（き）れない＝はっきり言（い）ってしまうことはできない

35 答え 4

～いただきたく、お願（ねが）い申（もう）し上（あ）げます
「～いただきたい」に「お願（ねが）いします」を続（つづ）ける場合（ばあい）、この形（かたち）になる。「理解（りかい）してほしい、理解（りかい）してもらいたい」という意味（いみ）。「もらう」の謙譲語（けんじょうご）は「いただく」。This is the style for following ～いただきたい with お願（ねが）いします. In the example it means "we want you to understand." いただく is a humble expression for もらう.

もんだい ぶん ぶんぽう ぶん くみ た
問題6（文の文法2（文の組み立て）Sentential grammar 2 (Sentence composition)）

36 答え 1

文明（ぶんめい）とは 危機（きき）に直面（ちょくめん）した 人々（ひとびと）が 逆境（ぎゃっきょう）に立（た）ち向（む）かい それが成功（せいこう）した ときに興（おこ）るものだということだ
「ときに」の前（まえ）に来（く）るのは「直面（ちょくめん）した」か「成功（せいこう）した」だが、「直面（ちょくめん）した」にすると残（のこ）りのものでは文（ぶん）が作（つく）れなくなる。したがって「とき」の前（まえ）に来（く）るのは4。4の前（まえ）に来（く）るのは1しかない。3は2を修飾（しゅうしょく）している。Grammatically, ときに could be directly preceded by either 3 or 4, but if 3 is used, a sensible sentence cannot be formed with the remaining three phrases. Therefore, we can tell that only 4 can directly precede とき. Next, it is clear that 4 can directly follow only 1, and that 3 modifies 2.

37 答え 4

組織（そしき）を つくりかえる くらいの 覚悟（かくご）が ないと この企業（きぎょう）は生（い）き残（のこ）ることはできないだろう
「組織（そしき）を」に続（つづ）くものは「つくりかえる」。
組織（そしき）をつくりかえるくらいの覚悟（かくご）＝組織（そしき）をつくりかえるというレベルの覚悟（かくご）

38 答え 2

一見不可能（いっけんふかのう）としか 思（おも）えない ことも やり方（かた） 次第（しだい）でうまくいくこともある。
「～しか」に続（つづ）くのは「～ない」。
「うまくいく」の前（まえ）に来（く）るのは「次第（しだい）で」。

39 答え 2

体（からだ）によくないと わかってはいるものの 働（はたら）かないと生活（せいかつ）ができないので 仕事（しごと）をやめる わけにもいかず しかたなくそのまま続（つづ）けている
「よくないと」に続（つづ）くのは「わかってはいるものの」

40 答え 4

人々（ひとびと）の生活（せいかつ）は 豊（ゆた）かになったが その一方（いっぽう）で 負（ふ）の側面（そくめん）もあることを 忘（わす）れてはならない
「人々（ひとびと）の生活（せいかつ）は」に続（つづ）くのは「豊（ゆた）かになったが」。
最後（さいご）に来（く）るのは「忘（わす）れてはならない」。

問題7（文章の文法 Text grammar）

41 答え 2

「報償（ほうしょう）として払（はら）うべきもの」
自由（じゆう）であるためには、孤独（こどく）という報償（ほうしょう）を払（はら）わなくてはならない。Being alone is the price that has to be paid to have freedom.

42 答え 4

「多くの人は〜孤独な生き方を知ろうとせず、どうやって一緒に生きるかということに一喜一憂しながら〜」

多くの人は誰かと一緒に生きたいと思っている。そういう人は孤独な生き方を「知ろう」とか「知りたい」という気持ちはない。

43 答え 1

「〜の反対に位置しているわけではありません。ただし、依存とは正反対のところにあります」

2 わけにはいかない：〜動詞辞書形＋わけにはいかない＝〜することはできない　〜ない＋わけにはいかない＝〜しないことはできない　〜なければならない

3 わけはない＝その可能性はない

44 答え 3

「ひとりになる（A）くらいなら、どんなことにも耐える（B）」

AくらいならB：AよりBのほうがましだ、BよりAのほうが嫌だ、という気持ち This conveys the feeling that A is less preferable to B.

45 答え 2

「孤独でいながら幸せでいることなのです」

孤独だけれど幸せだ。孤独であることと幸せであることが同時に存在している。To be alone but happy. Feelings of isolation and happiness occur together.

問題8（内容理解（短文））
Comprehension (Short passages)）

(1)

46 答え 2

日本人の信仰の対象は一神教の西洋と違い多様である。日本に宗教がないのではない。西洋的な（一神教の）概念では解釈できない、日本人の宗教は語れない、と言っている。

(2)

47 答え 4

「いざという時にどうすれば安全に避難することができるか～原田和夫氏を講師としてお招きし、お話を伺うことにいたしました」とあるので、答えは安全な避難の仕方である。

(3)

48 答え 1

劣等感は対処の仕方を誤らなければ自分にとってプラスになるものだ（沃野が待っている）と言っている。筆者が劣等感を肯定的に捉えていることを読み取る。

(4)

49 答え 3

世間一般で言う速読術とは違って、本当の速読術とは文字を速く読むことではなく読む価値があるかないか、参考になるかならないかを速く判断する方法だと言っていることを読み取る。

問題9（内容理解（中文））
Comprehension (Mid-size passages)）

(1)

50 答え 2

「民主主義のメンタリティを世代間で継承できなかったとしたら、民主主義は形骸化するばかりです」とある。形（制度）だけを継承してもそこに属する人々のメンタリティが伝わらなかったら社会は同じ状態を維持できなくなると言っている。

51 答え 3

職人の仕事に対する気持ち、つまりメンタリティの影響を受け、それを無意識に継承し、身につけていく、ということ。

52 答え 4

「伝統とは、まねる力の結晶化です」「まねる力が存在していないと、伝統が続けられないわけです」とある。つまり伝統とはメンタリティをまねることによって続いていくものである。

(2)

53 答え 2

「適性と天職」という発想そのものが実は最初の「ボタンの掛け違え」だ、とある。適性にふさわしい天職を探し出そうとすることが間違っているということ。

54 答え 3

「勤め始めてすぐに仕事を辞める人が口にする理由というのは～」とあるので、勤め始めてすぐに

仕事を辞める人の考え方。

55 答え 3

最後のパラグラフで、適性に合った職業を探すのではなく、「仕事をしているうちに」「どんな適性や潜在能力があったのかが、だんだんわかってくる」ものだ、と言っている。これがアドバイス。

(3)

56 答え 2

「例えば、もっと自由に〜暇があるならば〜」の部分から、現実には長期休暇もとれない、生活や労働に余裕がない、ホテルなどの予約を取る暇がないことがわかる。これが「日本の社会の貧しさ」の例である。それを表すのは、2。

57 答え 3

「なぜならこの経済社会にとっては〜要素になりうるのである」の部分が理由。つまり余裕のないのは悪いことなのに、それが経済成長につながるというおかしなことになっているから。

58 答え 1

日本の社会の現状（余裕のなさ、貧しさ）が〜「現代経済を支えている」、「不気味な社会」という言葉から考えると1の「〜少々奇妙な社会」というのが正答となる。

問題10（内容理解（長文）Comprehension (Long passages)）

59 答え 2

「きびしい自由競争が活力と進歩を生み出すのも事実で、科学技術におけるアメリカの繁栄は、その賜物」とあるので、これは、「きびしい自由競争の賜物」である。

60 答え 1

「ライバルとは自分をやる気にしてくれたり、能力を高めるきっかけを与えてくれる存在として、むしろ必要なものと考えています」とある。ライバルとは好敵手であり、ライバルとの競争が自分を高めることにつながると考えている。

61 答え 3

「敵は必ずしも同じ土俵とはかぎらない」とある。つまり活動する場所が違うかもしれないという意味。

62 答え 4

最後に「敵があるということは、それだけ自分の存在が認められているということ」、「いまは敵でも、いつか必ず味方にするぞ」とあることから考える。いないほうがいい、滅ぼしたほうがいいという否定的な存在とは考えていない。

問題11（統合理解 Integrated comprehension）

63 答え 2

A・Bどちらも「自立と依存は反対だ」と考えるのは間違いだ、勘違いだ、と言っているので、2が正解。

64 答え 4

Aでは「親が自立的であり〜勝手に自立してくれる」、Bでは「親から経済的に自立しても誰にも頼らず生きているわけではなく依存先が変わるだけだ」と述べている。

問題12（主張理解（長文）Thematic comprehension (Long passages)）

65 答え 2

「昔には〜ものを作る人間は、時間をかけるしか

ありませんでした」「『いいもの』というのは、〜時間とためらいと模索の結晶」とある。昔作られたものは時間をかけ試行錯誤を重ねて作られたものだから、「いいもの」が多いということ。

66 答え 3

「『作る』という行為は、葛藤の中を進むこと」とある。つまり「ためらい」や「挫折」を経て完成させるので、時間がかかるということ。

67 答え 1

「機械化による大量生産は〜『ためらい』という研磨材でろくでもない『思い込み』を削り落とし、『完成＝美しい』というゴールへ近づけるプロセスを排除してしまいました」とある。つまり、ためらいながらいいものにするという過程をなくしてしまったということ。

68 答え 4

時間をかけ、ためらいと挫折を経ることによってこそいいものが作れる、という考え方が全体に書かれている。

問題13（情報検索 Information retrieval）

69 答え 2

1 高橋さん：高校2年生なので不可
2 松本さん：退職しているので養成講座にも参加できる＋外国語もできる→参加可能
3 ジョイさん：1年を通じて活動できることという条件に合わないので不可
4 メイさん：日本語がまだ下手であることと養成講座（平日は金曜日しかない）に参加できないので不可

70 答え 1

ナットさんは金曜日の講座には参加できないので 1 5 7 は不可。また11月末から12月は出張の準備と出張があるので 2 4 5 も不可。したがって参加可能なのは 3 と 6 ということになる。

聴解 Listening

問題1（課題理解 Task-based comprehension）

例 ♬ BPT_3_04

会社で女の人と男の人が企画書について話しています。女の人はこのあと企画書のどの部分を直しますか。

F：新しいプロジェクトの企画書、どうでしょうか。どこか直すところがありますか。

M：ああ、全体的には、プロジェクトの目標が強く打ち出せていて、説得力あると思うよ。

F：ありがとうございます。あの、予算計画のところ、書き方はどうですか。いろいろ迷ったんですけど。

M：ああ、ここはこれですっきりしていていいんじゃないかな。えーと、それより気になったのは、マーケティングのところだけど。

F：はい。市場の分析の部分ですね。

M：うん。主なターゲットは30代から50代の男女、ってことだけど、この年齢層の生活調査がもっとほしいなあ。

F：あ、わかりました。もっとデータを探してみます。

M：そうだね。あとは、具体的なスケジュールなんかも、わかりやすく書けてると思うよ。

F：はい、ありがとうございました。ではさっきの点、さっそく修正します。

女の人はこのあと企画書のどの部分を直しますか。

答え　3

1番 ♬ BPT_3_05

病院で女の人と医者が子供の薬について話しています。女の人はこのあと薬をどのようにしますか。

F：あの、先生、子供に今朝飲ませないといけなかったお薬、飲ませられなかったんですけど、今すぐ飲ませてもいいでしょうか。

M：お薬は1日3回の服用で、食前でしたね。

F：はい、そうです。いつも8時ごろ飲ませるんですけど、今日はちょっと…。

M：今11時ですね。そろそろお昼ですから、もう朝の分は飛ばしたほうがいいですね。

F：あ、そうですか。すると、1回分少なくていいんですね。

M：ええ。薬は、2回分いっぺんに飲ませるのは絶対に避けてほしいんです。もし9時すぎごろまでに気がついたら、すぐ飲ませて昼を少し遅らせるというふうにしてください。

F：わかりました。

M：薬の種類によっては、やはり1日に3回飲まないといけない場合もありますから、その場合は、時間を均等に空けて夜までに3回飲ませるんですが、この薬はその必要ないですから。あまり神経質に考えなくていいですよ。飲ませるときも、親はどうしても怖い顔になってしまうんですが、それだと子供はかえって意地でも飲まないって気持ちになりますから。

F：先生、実は今朝それだったんです。

女の人はこのあと薬をどのようにしますか。

答え　2

薬を医者の指示通りに子供に飲ませるというタスク。医者が「朝の分は飛ばしたほうがいい」と言い、女の人が「1回分少なくていいんですね」と確認していることから、飲ませられなかった朝の分はもう飲ませない。

2番 ♬ BPT_3_06

クリニックで、患者と医者が話しています。患者はこれからどうしなければなりませんか。

M：先生、最近ちょっとお腹が出てきたんですけどね。水泳とか、したほうがいいんでしょうか。

F：内臓脂肪がたまってきたんですよね、中山さん。つまり、摂取カロリーのほうが消費カロリーより多いというわけですね。ですから、食べる量を減らすことが無理なら、運動するのがいちばんではありますけど。

M：料理が趣味ですから、食べるのはそのままで…。あの、早速、帰りにジムの会員登録をしますよ。自主的にジョギングとかはしそうにないから、水泳なら。

F：それもいいですが、別にそのような特別なことをしなくても、日常のちょっとしたことに気をつければいいんですよ。

M：どういうことですか。

F：会社で、自分のデスクに座りっぱなしじゃないですよね、中山さん。自分でお茶を入れに行ったり、コピー機のところに歩いたり、部下の机まで行ったり、ちゃんと意識してます…よね？

M：えーと、それは…。

F：ジムの登録よりそっちが先ですよ。それだけでカロリー消費は上がるんです。

M：わかりました。そうします。

患者はこれからどうしなければなりませんか。

答え　4

アドバイスの内容を理解する問題。This question tests your understanding of the advice given.

ジムに登録して水泳を始めるという男の人に対して、医者は「日常のちょっとしたことに気をつければいい」と言い、「会社で、自分のデスクに座りっぱなし」はダメだと言っている。

3番 ♬ BPT_3_07

息子と母親が話しています。息子はこれから洗濯機の温度設定をどうしますか。

M：ねえ、洗濯機のお湯の温度設定って、このままでいいの？ 今から使うんだけど。

F：え？ 洗濯機使うの？ 何を洗いたいの？

M：このタオル、油染みがついちゃったから。

F：ああ、すぐ洗うといいよね。あのね、油はお湯でよく落ちるのよね。あ、だからといって、通常の洗濯物の場合はお湯で洗えばいいってものじゃないの。人間の体から出る汚れは、あぶらだけじゃなくてたんぱく質もあるから、普通、洗濯物は両方の汚れがついてると考えないとね。

M：え？ このタオルは油がついただけだよ。たんぱく質はついてないって。

F：でね、たんぱく質はお湯だと固まっちゃって、固まると落ちないでしょ。だから、たんぱく質を落とすには水のほうがいいってわけ。

M：もう、何ごちゃごちゃ解説してんの。で、このままでいいの？ よくないの？

F：だからね、洗濯機はいつも水とお湯の中間の温度で、ぬるま湯設定にしてんのよ、うちは。家事は科学なのよ。このままでいいかどうか、知識と教養で考えてね。わかった？

M：はいはい。

息子はこれから洗濯機の温度設定をどうしますか。

答え　1

今の状態の理解と、それをどう変えるか（あるいはそのままか）を判断する問題で、注意深く聞く必要がある。This question challenges you to understand the current situation and determine whether it will change—and if so, how. This means you need to listen very attentively.

母親の説明から、現在は「ぬるま湯」の設定であることがわかる。今から油汚れのタオルを洗うので、お湯に設定を変える。

4番 ♬ BPT_3_08

女の人と男の人が眼鏡について話しています。女の人は何をしに眼鏡屋に行きますか。

F：最近、目が疲れるのよねー。眼鏡のレンズ、度が合ってないんじゃないかなあ。

M：そうですか？ 目の検査、したばかりだっておっしゃってましたよね。だったら合ってないってことはないんじゃないでしょうか。あの、フレームがきつすぎると、疲れますよ。

F：フレームねえ。そうなのかなあ。店で買ったときはいいと思ったんだけど。

M：ちょっと調べてみましょうか。眼鏡をかけて、顔の横、眼鏡のつるとの間に名刺を入れてみてください。すんなり入りますか。

F：あー、ちょっと入りにくいねえ。やっぱり、原因はこれなのね。いっそのこと新しいのを買ったほうがいいかしら。

M：そんな必要ないですよ。かけ続けていると自然に合ってくるし、あまり具合が悪ければ、眼鏡屋ですぐ直せますよ。

F：そうね。今度の休みに店に行って、そうしてくる。どうもありがとう。

女の人は何をしに眼鏡屋に行きますか。

答え　4

何が問題になっているかを理解する。You need to figure out what issue is seen as an obstacle.

眼鏡のフレームが合っているかどうか名刺を使って調べた結果、きつすぎることがわかった。男の人の「眼鏡屋で直せます」という言葉に従い、フレームを調整しに行く。

5番 ♬ BPT_3_09

女の人と男の人が話しています。女の人は何を買いますか。

F：外に出ると紫外線に気をつけないといけないでしょう？　帽子か傘を買おうと思ってるのよ、私。

M：いいんじゃない？　夏でも冬でも、晴れてても曇ってても、紫外線は同じように地上に来てるからね。

F：そうらしいねー。ほんとは曇ってても必要なのよね。ところで、傘と帽子は、どっちがいいの？

M：ちょっと待って。ネットで調べてみよう。…ああ、どっちでもいいらしいよ。あまり違いはないって。

F：傘はちょっと邪魔になるけどねえ。でも、帽子は好きじゃないから、やめとく。

M：傘は雨でも使えるのがあるから、いいんじゃない？　何色のを買うか、注意しないといけないね。

F：え、どういうこと？

M：紫外線は白を通過し、黒では吸収される。だから傘を持っている人の肌に影響するのは、白だよ。ほら、ここに書いてある。

F：えー！　そうなの？　知らなかった。白を買うところだった。

女の人は何を買いますか。

答え　4

帽子ではなく傘を買うところまではやさしいが、色は注意深く聞いていないと間違える。紫外線は白を通過して「人の肌に影響する」ため、紫外線を防ぐにはそれを吸収してしまう黒がいい。

6番　♫ BPT_3_10

店で店長と女の店員が話しています。女の店員はこれから何をしますか。

M：じゃあ、佐藤さん、午前中の仕事を二人で手分けして処理しようか。午後になると僕は出かけるから、できるだけ効率よく終わらせよう。

F：はい、じゃあ午前中にしないといけないのは、今週の売り上げデータ入力と、お客さんからのメールの問い合わせに返事することですね。

M：そう、それとねえ、店のほう、商品の品ぞろえをチェックしときたいんだけど。それしながら、レジも手伝ったほうがいいね。

F：わかりました。じゃあ店のほうは私がしましょうか。

M：そうだねー…、いや、店は僕がするよ。佐藤さんは入力速いから、データ、頼める？まずそれしてもらって、そのあとメールのほうも頼むよ。もし答えられないことがあったら、そのまま置いといてくれれば。

F：わかりました。あの、お客さんのコメントをホームページに反映するの、まだできてませんよね。パソコン使いますから、メールのほうと一緒にやっときましょうか。

M：ああ、悪いね。助かるよ。

女の店員はこれから何をしますか。

答え　1

午前中にしなければならない「売り上げデータ入力」と「メールの問い合わせに返事」のうち、店長が女の人（＝佐藤さん）に「入力速いからデータ頼める？　まずそれしてもらって、そのあと〜」と言っていることから、まずは「データ入力」だとわかる。

問題2（ポイント理解 Point comprehension）

例　♫ BPT_3_12

家で高校生の娘と父親が話しています。娘はどうして先生に褒められたと言っていますか。

F：今日、学校で、先生にすごく褒められちゃった。

M：へえ。どうして？

F：あのね、今日クラスで自分で研究したことの発表会をしたの。私はね、どうして恐竜は絶滅したかっていうことを調べて、発表したんだけど。

M：なかなか面白そうじゃないか。そういえば、ネットで恐竜のことを調べてたなあ。絵も描いてたし。じゃあその発表がよかったって、褒められたんだな。

F：あ、そうじゃなくて、友達の発表に対して、よく質問したからなのよ。

M：おー、なるほど。それはいいことだね。

F：そう。それで先生は、興味を持って友達の話を聞いてるって、褒めてくれたの。

M：そうか、それはよかったなあ。

F：でもクラス全体はすごくざわざわしてたから、先生、ちょっと怒ってた。

M：ああ、静かに友達の発表を聞かない生徒、大勢いるだろうねえ。

娘はどうして先生に褒められたと言っていますか。

答え　3

1番 ♫ BPT_3_13

女の人と男の人が土産物について話しています。男の人は何にいちばん怒っていますか。

F：えっ!!　うそー。ねえ、この前旅行先で買った、先住民の人たちが作ったっていう人形、お義母さんや親戚の人にあげたじゃない、あれ偽物だったんだって。見て、この記事。

M：ええー、何だって?!　それはひどいなあ。

F：実際は土産物製造会社の工場で作られてるんだって。会社は、罰金を払わされるそうよ。

M：えー、営業停止じゃないの?　罰金じゃあ軽すぎるんじゃないか?

F：うーん、あの人形、とても本物っぽくて、値段も高かったし、だからわざわざ買いに行って、大事な人たちへのお土産にしようって言って買ったのにねえ。だまされちゃって、悔しいなあー。

M：僕はね、心底怒りを覚えるよ、そんな誠意のかけらもない、利益優先の会社には。先住民族の人たちを愚弄してるよ。あの人形を買ったのも、少しでも先住民の人たちの収入になればって思ったからなんだぜ。

F：その通りね。自分だけ金もうけできればいいっていうことよね。

男の人は何にいちばん怒っていますか。

答え　4

選択肢のどれに対しても腹を立て悔しい気持ちを持っているが、男の人が「心底怒りを覚える」と言っているのは、「誠意のかけらもない、利益優先」主義の土産物会社の姿勢である。

2番 ♫ BPT_3_14

マンションで、女の住人と管理人が話しています。管理人は何のためにベビーカーを集めておきますか。

F：あの、管理人さん。このベビーカー、まだ使えるんですけど、うちはもう要らないし、あげる人もいないんですよ。もう捨てようかと思ってるんですけど。

M：あ、じゃあ、マンションの倉庫に置いておきますから。

F：あ、倉庫に置いておくんですか。粗大ごみの日にまとめて捨ててくださるんですか？

M：いやいや、古くなったベビーカーを集めておきたいんです。管理組合の話し合いで出たんですけど、災害のときに役立つそうなんですよ。給水車からポリタンクで水を運ぶのに、ですね。水、重いですから。

F：あ、なるほど。わかりました。それは大切なことですね。

M：たくさん集まったら、お子さんが生まれたお宅に差し上げてもいいんですけどね。あと、共有の物として住民みんなで使ってもかまわないと思うんですよ。ただねー、いつまでも戻してくれない方もけっこういらっしゃるんで、ちょっとねえ。

F：ああ、それじゃあ、いざというとき困りますね。せっかくそのために集めてるのに。

管理人は何のためにベビーカーを集めておきますか。

答え　2

管理人は、古くなったベビーカーを集めておくことについて、「災害のときに役立つ」「給水車からポリタンクで水を運ぶのに」使うと言っている。そのあとに挙げている付随的な利用法に惑わされないこと。

3番 ♫ BPT_3_15

会社で、社長と女の社員が話しています。社長がこのサービスを利用することにしたきっかけは、何ですか。

M：来月から、社員の満足度データ提供サービスを使うことにするよ。

F：ああ、社員一人一人に会社に対する満足度についてアンケートをとって、経営者に伝えるっていうサービスですね。数か月前に営業の方が見えた、例の。あのー、私は前にも社長に申し上げた通り、反対意見です。社長も同じだと思っていましたけど…。

M：それがね、この前、本田君と話しだんだよ。3年目社員のリーダー的存在なんだよね、彼。彼が言うには、やはり若い社員にはそのほうがいいということなんだ。本音が出やすいというんだね。

F：そうですか。問題があったときに経営者に直接言えない職場というのは、脆弱だと思いますけどねえ、私は。

M：私も、そういう考えは捨ててないんだよ。最終的には、不満でも何でも直接話せる信頼関係を築くべきだろうね。ただ、若い社員とそういう関係ができるまでは、このサービスを入れてやってみようと思うんだよ。

社長がこのサービスを利用することにしたきっかけは、何ですか。

答え　2

社長がなぜそうする考えになったかに集中して聞くこと。「それがね、この前、本田君と〜」と説明が始まることを理解しよう。「リーダー的な存在」である本田君と話したところ、「彼が〜そのほうがいい」と言ったからである。

4番　♬BPT_3_16

男の人と女の人が話しています。女の人は何に驚いていますか。
M：地中海沿岸の世界遺産が、気候変動で危機的状態にあるらしいよ。
F：ああ、そうでしょうねえ。温暖化で海水面が上昇するってことでしょう？　よくニュースで聞くよね。
M：そうそう。えーと専門家の調査結果では、2100年には地中海沿岸の40か所の世界遺産が洪水で破壊されるということらしいよ。
F：えっ！！
M：そのほか、46か所が水で浸食される恐れがあるって。
F：ええっ！！　それ全部地中海沿岸？　すごーいなあ。
M：だよねー。地球温暖化の影響って、やっぱりあなどれないよねえ。何とかしなきゃあ。人類の大事な宝物が海に沈むのは困るよね。
F：ねえ、地中海沿岸地域の世界遺産って、いったい何か所あるの。
M：えっ。もしかして驚いてたのって、そこ？　えーと、159。世界中だと1,092か所あるって。
F：15％も！！　やっぱりすごいなあ。

女の人は何に驚いていますか。

答え　3

女の人が何に驚いているかは会話の最後のほうでわかる。最初を聞いただけで判断してしまわないことが大切。It's very important to avoid jumping to conclusions from just listening to the beginning.
「それ全部地中海沿岸？　すごいなあ」と、世界遺産の中に地中海沿岸のものが多いことに驚いている。

5番 ♬ BPT_3_17

男の人と女の人が話しています。男の人はマナーについてどう言っていますか。

M：外国にずっといて久しぶりに日本に帰ってくると、日本の当たり前の習慣に違和感を覚えるんですよ。で、そのうち慣れちゃうんですね。

F：そうなんですか。例えば、どんなことにですか。

M：そうですねえ。例えば、マスクをほとんどの人がしてることですね。以前はコンビニで、店員がマスクしたまま対応するんで、多少不快感ありました。ところが今は何とも思わないんですよ。

F：ああ、外国ではマスクをしている人、いませんからねえ。

M：職業上必要な場合以外は、公共の場で顔を隠すっていうのはマナーに反する行為なんですよね。

F：なるほどね。日本では逆ですよね。咳をしているようなときにはマスクをしないと、マナー違反ですものね。

M：そうですよねえ。結局、マナー違反に対して不快を感じるっていっても、絶対的な不快感というものではないんですよね。慣れなんでしょうね。

男の人はマナーについてどう言っていますか。

答え　1

選択肢の表現がそのまま会話に出てくるわけではないので、きちんとした理解が必要である。Since the expressions contained in the choices do not appear in the dialogue as is, you need to make sure you fully understand what is said.

男の人は、「絶対的な不快感というものではない」「慣れなんでしょうね」と言っていることから、社会の中で習慣として決まるものだと言っている。

6番 ♬ BPT_3_18

日本人の男の人と女の人が、アメリカ人の友達について話しています。男の人はどうして恥ずかしいと言っていますか。

M：俺の友達のアメリカ人、おかしくてさあ。この前、彼の友達がアメリカから遊びに来て、一緒にあちこち行ったんだけど。

F：うん、それで？

M：あいつ、その友達に、納豆は食べられるかって、歩いていていきなり聞くんだよ。

F：え？　歩いてて？　いきなりって、どういうこと？　日本語で？

M：そうなんだよ。日本語で言ってから、英語で説明してた。最初は何言ってんのと思ったよ、俺も。でもそれ、冗談なんだよ。ほら、日本人、外国人にそういうことよく言うだろ、それをまねしてんだよ。

F：あー、わかった。自分が外国人として日本人にしょっちゅう言われてることを、そのまま友達に言ってるってわけね。

M：そう。あと、ゴミをちゃんと分別できるか、とかさあ。真顔で脈絡なしで言うんで、もう笑ったよ。笑ったんだけど、鏡で自分の姿見せられているみたいで、あとで考えると恥ずかしくなってさあ。俺もそんなふうに外国人に言ってると思うから…。

F：私も言ってる。お箸は使えるかとか。

M：あ、それも言ってた。

男の人はどうして恥ずかしいと言っていますか。

答え　3

男の人がどんな話をしているかを理解する必要がある。話を聞いた女の人が「自分が外国人として日本人にしょっちゅう言われてることを、そのまま友達に言ってる」と言うところから、アメリカ人の友達は冗談で日本人のまねをしていて、男の人はそれを知って「恥ずかしくなってさ」と言っている。

7番 ♫ BPT_3_19

夫婦が家で話しています。男の人は何を無意識ですると言っていますか。

M：今朝、会社行くとき、駅のホームを急ぎ足で歩いてて、危なく線路に落ちそうになったよ。

F：えっ、危ないじゃない。朝はホームに人が大勢いるんだから、気をつけないと。どうして急いでたの？　今朝、いつもより遅く家を出たっけ？

M：いやー、いつもの時間に出たよ。いつも余裕をもって家を出るから、今朝も時間はたっぷりだったんだよ。でもねえ、無意識でねえ…。

F：無意識でホームを急いで歩くの？

M：いや、決まった車両に乗ろうとするんだよ。こっちの入り口からホームに行くと、電車のいちばん後ろなんだよね。でも会社は、向こうの駅を降りたらいちばん前の出口だから。

F：え、でも急がなくても遅刻するわけじゃないでしょう？　別に、どの車両に乗ってもいいじゃない。

M：理屈はそうなんだけど。感覚的な問題かなあ。僕の同僚なんて、いつもの車両に行くために電車の中を歩いてるんだって。それも急ぎ足で。

男の人は、何を無意識ですると言っていますか。

答え　3

日本の都会生活では、何両もある電車に乗って通勤するのが普通である。「車両」「ホーム」「(進行方向に向かって)いちばん前／後ろ(の出口)」という言葉を覚えておこう。男の人は、会社に行くのに便利な「いちばん前の出口」に近い「決まった車両に乗ろうとする」と言っている。

問題3（概要理解 Summary comprehension）

例 ♫ BPT_3_22

ラジオで女の人が映画について話しています。

F：この前、例の大評判のミュージカル映画、見に行ったんですよ。すごく楽しみにして
　　たんだけど、ちょっとがっかりしました。あ、映像は本当にきれいで、もちろん音楽
　　もよかったんですよ。んー、だけど、ストーリーが平凡で新しさがなくて…。うん、
　　もうこの監督の映画は見ないだろうなあと思ってしまいました。

女の人は映画についてどう言っていますか。
1. 映像もストーリーもよかった
2. 映像もストーリーもよくなかった
3. 映像はよかったが、ストーリーはよくなかった
4. 映像はよくなかったが、ストーリーはよかった

答え　3

1番 ♫ BPT_3_23

ラジオでアナウンサーが話しています。

M：イギリスの小学校の先生が“世界一の先生”賞の最終候補50人の一人に選ばれ、
　　話題になっています。なぜ話題になっているのか。それは、この先生は、読む能力と
　　書く能力、それから算数といった主要科目の成績を、音楽を使って伸ばしたというこ
　　となんです。この方法は功を奏し、成績面でイギリス最下位だった学校が、今年は上
　　位10%に入るほどになったというんですね。へー、音楽を使って、読み、書き、そ
　　れに算数ですか！　どんな方法なんでしょうね。えー、なお、この賞の最終決定は来
　　年の3月、受賞者には賞金百万ドルが授与されるそうです。

アナウンサーは何に驚いていますか。
1. 音楽を使って、主要科目の成績を伸ばしたこと
2. 子供の能力を伸ばす方法が、まだわかっていないこと
3. 世界一の先生の一人に、小学校の先生が選ばれたこと
4. 受賞者に、高い金額の賞金が与えられること

答え　1

「何に驚いているか」という問いだが、問題の狙いは、アナウンサーがどんな話をしているか大意をつか
むことである。キーワードは「音楽」。「へー」という驚きの感情を表す表現もヒントになる。

第1回　言語知識　読解　聴解

第2回　言語知識　読解　聴解

第3回　言語知識　読解　聴解

プロジェクトの担当者が話しています。

F：リサイクル燃料でジェット機を飛ばそうというプロジェクトを立ち上げたんです。バイオジェット燃料っていうんですけどね。なんと、古着からジェット燃料を作るんです。まず、環境団体が10万着の古着回収を行います。そして、服に含まれているコットン、つまり綿を加工します。その後、環境技術研究プロジェクトチームが開発したバイオプロセスにより、バイオジェット燃料を生産するというわけです。2年後に初フライトを実現させる予定です。

担当者は何について話していますか。

1．リサイクルのさまざまな方法 　　2．リサイクルジェット燃料の使い方
3．リサイクルジェット燃料の製造過程 　4．ジェット機の燃料の種類

答え　3

聞くだけでは理解困難な語が含まれているが、要するに何を話しているか趣旨を把握する聞き方を訓練する。The material contains words that are hard to understand from just hearing them, so you should practice tuning your ears in to the parts you need to know to grasp the overall message.

「ジェット燃料を作る」過程だと理解すること。「まず」「そして」「その後」という順序を説明する語、「バイオプロセスにより、バイオジェット燃料を生産する」という部分に注意する。

テレビでコメンテーターが話しています。

M：選挙の投票率の低さが問題になっています。投票率を上げるために、例えばコンビニとか、若者が集まるコンサート会場などでも投票できるようにしたらどうか、などという案が出てきていますが、どうなんでしょう。そんな、タレントの人気投票みたいなやり方で、まともな選択ができるんでしょうか。考えるべき点は、政治に関する情報をどうきっちり伝えるかであって、だれでもどこでも投票できるようにするということではないんじゃないでしょうか。

コメンテーターは何について話していますか。

1．投票率の低さを心配する気持ち 　2．投票率を上げるアイデアへの批判
3．タレントが政治家になっている現状 　4．若者の政治離れに対する怒り

答え　2

問題3において、話し手の意見や気持ちの聞き取りは重要である。In question 3, it's essential that you identify the speaker's opinion/feelings.

まず「投票率」について話していることを理解し、それについて話者はどういう考えを言っているか聞

き取る。「どうなんでしょう」は批判や反対を述べるときに使われることを知っておくと理解しやすい。「まともな選択ができるんでしょうか」という疑問形も批判の表れ。最後の「～んじゃないでしょうか」は「そう思う」という意味。

4番 ♫ BPT_3_26

第1回 言語知識 読解 聴解

航空会社の社員が話しています。
F：通常、動物は飛行機の座席に乗せることはできません。しかし「精神的サポートのため」という証明があるお客様に限り、動物と一緒に乗ることが許されています。動物のサポートが必要な方のための、当然の措置ですね。しかしこの措置が広がりすぎて、普通のペットを機内に連れて入るお客様が後を絶たず、問題も起きています。問題が大きくなってこの措置が取れなくなると、本当に必要な方が困ることになります。ペットをお飼いのお客様は、どうぞその点をご配慮ください。
社員は何について話していますか。
1．動物を飛行機に乗せたい場合の必要な条件
2．動物の精神的な支援が必要であることの説明
3．普通のペットを飛行機に乗せないようにというお願い
4．動物を飛行機に乗せた場合に起きた問題の具体例

答え 3

途中までは事情説明をしているが、最後で「どうぞその点をご配慮ください」と言っていることから、「依頼・お願い」をしていることがわかる。ここでは、動物による精神的サポートが必要な人のために、普通のペットの持ち主に対して、配慮を求めている。

第2回 言語知識 読解 聴解

5番 ♫ BPT_3_27

医者が話しています。
M：えー、最近の傾向に、子供の睡眠障害の急増があります。13歳までの子供は10時間の睡眠が必要で、それを下回ると精神的・肉体的にさまざまな障害が現れます。ある調査によると、子供の寝る時間が少ない大きな理由の一つは、子供が寝る前にスマートフォンやタブレットを使っていることだそうです。えー、これは、子供に対する保護者の目が行き届いていないということが要因です。スマートフォンやタブレットを禁止すればいいというものではありません。責任を持って世話をする保護者がいる環境が、子供には不可欠です。

第3回 言語知識 読解 聴解

医者がいちばん言いたいことは何ですか。
1．子供が寝る前にスマートフォンを使っていること
2．責任を持った子育てが必要だということ
3．スマートフォンの使用は健康に悪いということ
4．子供は最低10時間の睡眠が必要だということ

答え　2

選択肢のどれも話されているが、言いたいことはそのうちの一つ。All answer choices are discussed, but only one of them represents what the speaker is trying to convey.

最後に「責任を持って世話をする保護者がいる環境が〜不可欠」であると言っている。「不可欠」という言葉が聞き取れなくても、全体の趣旨から「必要だ」という意味であることは推測できる。

6番　♫ BPT_3_28

ラジオのトーク番組でレポーターが話しています。

F：スウェーデンで、大昔の貴重な遺物が発見されました。発見したのは8歳の女の子です。彼女は、家の近くの湖で、ちょっと変わったおもちゃを見つけたんですね。そしてお父さんに見せたんです。お父さんは歴史的な遺物かもしれないと思い、博物館に持っていきました。そしたら、1,500年前の刀だと判明したんです。専門家が少女に話を聞いて湖を調べると、ほかにも多くの貴重な発見があったそうです。このことが発表されてからは、女の子はテレビやラジオに出るわ、専門家にインタビューされるわ、博物館でサイン会があるわで、一躍、時の人になったんです。

レポーターは何について話していますか。
1．歴史的に重要な発見をした少女の体験
2．遺物の専門的な知識を持った少女の話
3．マスコミで有名になった少女の気持ち
4．湖をいつも探索している少女の生活

答え　1

一人の少女の話をしていることはすぐわかるが、何についての話かを理解すること。「歴史的遺物を発見→専門家の調査→マスコミの取材」という、少女の体験が語られている。

問題4（即時応答 Quick response）

例 ♫ BPT_3_30

M：悪いけど、そのパソコン使わせてくれないかなあ。
F：1. そうね、それ、悪いよね。
　　2. 使っていいの？　ありがとう。
　　3. ああ、いいよ、どうぞ。

答え　3

1番 ♫ BPT_3_31

M：新しく入ったリンさんのこと、気にかけておいてくれる？
F：1. はい、わかりました。ちょくちょく話しかけるようにします。
　　2. ええ、リンさんには、すごくお世話になりました。
　　3. いいえ、心配するほどのことはありませんでした。

答え　1

気にかける＝心にとめていろいろ配慮する　心配する
ちょくちょく＝よく　頻繁に

2番 ♫ BPT_3_32

F：あの、部長、来週の会議は重要ですから、社長にも出席していただきませんか？
M：1. はい、いいですよ。出席します。
　　2. 社長、出席していただけませんか。
　　3. そうですね、それがいいですね。

答え　3

社長に〜ていただきませんか：社長に出席してもらうことを提案している。　※「〜ていただけませんか」
との違いに注意。

3番 ♬ BPT_3_33

M：この建物の各階に行くにはIDが必要ですが、最上階の食堂はこの限りではありません。
F：1．では食堂はIDがないと入れないんですね。
　　2．というと、誰でも入れるということですね。
　　3．食堂に入れる人数に制限があるんですか。

答え　2

〜はこの限りではない＝〜は例外である　※ここでは、食堂に入るのにIDは不要である

4番 ♬ BPT_3_34

F：今のチームは一人一人考えがバラバラで…。もう、もちそうにありません。
M：1．そう言わずに、もうちょっとがんばってくれませんか。
　　2．そうですか、成果が楽しみですね。
　　3．じゃあその荷物、ここに置いといていいですよ。

答え　1

もつ：状態などが長い間変わらずに保たれる
もつ＋そうにない（様態否定）＝もちそうにない　※「考えがバラバラ」だから、チームとしてこれ以上機能するのは難しいだろうと言っている。

5番 ♬ BPT_3_35

M：なんとかうまくいかないものだろうかと思ったんだけど…。
F：1．私もどこへも行かなかったよ。
　　2．そうね、あまりおいしくないよね、あそこ。
　　3．しょうがないね、あきらめよう。

答え　3

うまくいく：事柄が望み通り進む
〜ないものだろうか／ないものか／ないかなあ＝〜を期待・希望する　例パソコンが壊れてしまった。なんとか自分で直せないものだろうか。

6番 ♫ BPT_3_36

> F：店で敬語を使われて、たまにうっとうしくなったりしない？
> M：1．そうだね、敬語って気持ちがいいよね。
> 　　2．なるなる。使いすぎだよね。
> 　　3．社会人になったら必要だから勉強しとかないと。

答え　2

うっとうしい：じゃまでうるさいという気持ち　わずらわしい　晴れ晴れとしない

7番 ♫ BPT_3_37

> M：今度のテストは、そこそこの出来だったよ。
> F：1．次のチャンスもあるから大丈夫よ。
> 　　2．どこまで勉強したの？
> 　　3．そう、よかったね。

答え　3

そこそこの出来：十分ではないが、まあまあ満足できる結果

8番 ♫ BPT_3_38

> F：私は、日本の食事は、量が少ないからこそ健康的なんじゃないかと思ってます。
> M：1．では、量を多くすればもっと健康的ですね。
> 　　2．ああ、満腹は不健康だというわけですね。
> 　　3．量は少なくても、健康的だと思いますが。

答え　2

「量が少ない」ことが「健康的な」理由だと強調している。したがって、「満腹（お腹がいっぱいであること）は不健康だ」という意味になる。

9番 ♫ BPT_3_39

M：若いうちは、どんな失敗をしようとかまわないんだよ。
F：1．はい、思い切ってやってみます。
　　2．いいえ、しようと思ってはいません。
　　3．ええ、かまいません、どうぞ。

答え　1

どんな〜う／ようとかまわない＝どんな〜であっても問題ない　大丈夫だ

10番 ♫ BPT_3_40

F：電話で話しててお辞儀しちゃったりしない？
M：1．そういうことあるねえ。日本人だから。
　　2．電話しながら歩くと危ないよ。
　　3．僕も落として壊しちゃったことあるよ。

答え　1

〜ちゃったりしない？＝〜てしまうということがない？（「ある」と同意を求めている）

11番 ♫ BPT_3_41

M：余計なことに首突っ込んじゃったよ。
F：1．大変じゃない、病院行ったの？
　　2．じゃあ、最後までやらなきゃね。
　　3．入口、そこじゃなくてこっちよ。

答え　2

余計なこと＝不必要なこと
〜に首を突っ込む＝〜に興味をもって関わる

12番 ♬ BPT_3_42

> F：思い当たることがないわけでもないなあ。
> M：1．何か思い当たるんだったら言って？
> 　　2．本当に何もないの？
> 　　3．ぜんぜん当たらないよ。

答え　1

思い当たる＝（何か聞いたり読んだりして）自分の記憶の何かを思い出す　気づく

〜がないわけでもない＝〜がない、ということはない（「〜がある」と言っている）

13番 ♬ BPT_3_43

> M：僕、あのとき東京に行ってたとしたら、ショーンに会ってたんじゃないかと思うよ。
> F：1．東京に行ったんだ。よかったね。
> 　　2．え、東京に行かなかったの？　行ったかと思ってた。
> 　　3．へえー、ショーン、元気だった？

答え　2

〜ていたとしたら…ていた＝（実際は〜なかったが）もし〜たら、…という（現実にはなかった）ことが起きていた　※男の人は、実際は東京に行かなかったから、ショーンに会っていない。

14番 ♬ BPT_3_44

> F：面接の担当者と気が合いさえすれば、合格だったはずよ。
> M：1．気が合わなかったせいにしちゃだめだよ。
> 　　2．気が合ったってだけで合格したの？
> 　　3．そうなんだ、おめでとう。

答え　1

〜さえすれば…た＝〜ではなかったことだけが問題で、…が起こらなかった　囫 勉強さえすれば、合格していた。（＝勉強しなかったから、合格しなかった）

第1回　言語知識　読解　聴解

第2回　言語知識　読解　聴解

第3回　言語知識　読解　聴解

1番 ♪ BPT_3_46

会社で、女の人が先輩社員と話しています。

F：最近、仕事に行き詰まりを感じるんです。同じことを繰り返してるし。職場に対する疑問とか、もっとこうしたらいいんじゃないかとか、ぼんやり感じながら、でも何もしてないっていう…。

M：3年目だよね。そういう時期ではあるね。僕もそう感じたことはあったけど、そのまま時が経つのを待ったよ。部署の異動とかもあるから、自然に変わっていくからね。

F：そういうこともありますよね。でも何かモヤモヤして…。趣味とか、家族や友達と過ごすとか、仕事から離れる時間をもっと持ってみようかと思ったんですけど、それだとただの気分転換ですから。

M：そうだねえ。さっき、仕事への疑問とか新しいアイデアとかぼんやり感じてるってことだったよね。それ、形にできないの？ 紙に書いてみたら？ 具体的にして、同僚を巻き込んで、職場を変えていくっていうのはどう？

F：そういう、人を引っ張るって、私、向かないような気がするんですけど。

M：それは思い込みだね。やらないだけじゃないの？

F：社外の他業種との交流会とか、出てみようと思ったんですけど。

M：どうかなあ。自分がしっかり目標がないと役に立たないと思うよ。何か探したいっていうだけじゃあねえ。

F：そうですか。じゃあアドバイス、実行してみようかなあ。パソコンに打ち込んでみます。

M：それがいいよ。

女の人はどうすることにしましたか。

1．仕事と関係ないことをする
2．社内で新しい提案をする
3．社外の交流会に参加する
4．時間が経つのを待つ

答え　2

どんなアドバイスを得てどうすることにしたか聞き取る。「仕事への疑問やアイデアをぼんやり感じてるってこと」を「具体的にして」「職場を変えていく」という先輩社員の意見に同意し「実行してみよう」と言っている。

2番 ♬ BPT_3_47

町の広報担当者3人が、ホームページについて話しています。

M1：じゃあ、町のホームページだけど、どうですか。忌憚のない意見をお願いします。

F ：私は、この町に住んでいる人の声をもっと出したらどうかと思うんですが。今のままだと、「この町の魅力」っていうコーナーはあっても、だれの考えかわからないですから。何か、生きてない感じがしますよね。

M1：なるほど、Aさんがこう言う、Bさんがこう言う、それをそのまま出すんですね。それだとほかの町との差別化ができますよね。観光案内とか歴史とか、どこもだいたい同じような内容が多いから。

F ：外国人の方も大勢住んでますから、そういう人の声を拾ってもいいですね。意外と面白いものがありそうな気がします。

M1：ああ、それ、いいですね。

M2：あの、さっきの歴史案内ですが、この町は歴史上の重要人物が大勢出ているところですから、そこは大事にしたほうがいいですよね。

M1：それはその通りですね。今その点はホームページの改善を考えていて、もっとわかりやすく紹介することと、多言語の翻訳も進めているんです。

F ：外国人の方にこの町の歴史的な建物とか遺跡とかを訪ねてもらって、その面白さを話してもらったらどうでしょう。

M2：そうですねー。それもいいですが、住民の声のほうは、歴史案内ページと切り離して、あまり設定を作らずに自由に何でも思ったことを言ってもらいませんか？ そのほうが自然な気がします。

F ：ああ、そうですね、それがいいでしょうね。

M1：ではさっそく、それを具体的に進めましょう。

ホームページに関して、何をすることにしましたか。

1．住民の声を聞いてそのまま載せる
2．「この町の魅力」というコーナーを作る
3．歴史案内を新しくする
4．外国語の翻訳を増やす

答え　1

「町に住んでいる人の声」を「そのまま出す」という案が最初に出てきたあと、ほかの案や最初の案に対する意見が出てくるが、最終的には「自由に何でも〜言ってもらう」ことに同意している。

3番 ♬ BPT_3_49

会社で賞の説明を聞いて、男の役員と女の役員が話しています。

M1：では、社長賞を決める役員投票を始めます。4つの部からふさわしいと思う部署を一つ選んで投票してください。まず人事部。SNSを活用した人事戦略で今年非常に優秀な人材を採用することができました。次は営業部。今まで開拓できていなかった年齢層に食い込み、実績を上げています。3つ目は企画・調査部。今年度この部署が出したデータは非常に有益で、利益増に貢献しました。最後に、宣伝・広報部。今までの無駄を省き、ほぼ半分のコストで同じ成果を上げることに成功しました。

F　：どこも捨てがたいですけど、私はコスト削減を評価したいですね。

M2：私もそう思いました。少ない予算で最大の効果を上げるという考えは評価されるべきですよね。ですが、今回は利益増に貢献したデータ提供が、やはりダントツだと思います。

F　：そうなんですよね。迷うところですね。ただ今回のデータはラッキーだった面が強くて、アイデアとか努力の勝利ではなかった気がします。貢献度は大ですけどね。

M2：確かに。そういう点では、人材採用のほうも、すばらしいですよね。

F　：ええ。それから、営業の新規開拓も、全員一丸となった努力の結果ですね。でもやはり、私はコストの無駄を省く点をいちばん評価したいと思います。

M2：私は、今回は利益貢献度に注目します。運も実力のうちということで。

質問1．女の役員はどの部署に投票しますか。
質問2．男の役員はどの部署に投票しますか。

質問1　答え　4
最初の男の人の説明を聞き取り、各部署がどんな成果を上げているかメモをすること。
女の人は最初に「コスト削減を評価」と言い、途中でほかの部署の評価もするが、最後に再び「コストの無駄を省く点をいちばん評価」と言っており、それは宣伝・広報部である。

質問2　答え　3
男の人は女の人に同意しながらも「利益増に貢献した」ことを挙げ、最後に再び「利益貢献度に注目」と言っているので、企画・調査部に投票する。

採点表 Scoresheet N 1 第 3 回

得点区分別得点 Scores by scoring section

言語知識(文字・語彙・文法) Language Knowledge (Vocabulary/Grammar)

大問 Question	配点 Points	正解数 Correct	得点 Score
問題1	1点×6問		/6
問題2	1点×7問		/7
問題3	1点×6問		/6
問題4	1点×6問		/6
問題5	1.5点×10問		/15
問題6	2点×5問		/10
問題7	2点×5問		/10
合 計			/60

目標点：25点　　基準点：19点

読解 Reading

大問 Question	配点 Points	正解数 Correct	得点 Score
問題8	2点×4問		/8
問題9	2点×9問		/18
問題10	2点×4問		/8
問題11	3点×2問		/6
問題12	3点×4問		/12
問題13	4点×2問		/8
合 計			/60

目標点：25点　　基準点：19点

聴解 Listening

大問 Question	配点 Points	正解数 Correct	得点 Score
問題1	2点×6問		/12
問題2	2点×7問		/14
問題3	2点×6問		/12
問題4	1点×14問		/14
問題5	2点×4問		/8
合 計			/60

目標点：25点　　基準点：19点

総合得点 Total score

/180

第3回の目標点：120点　　合格点：100点

【 公表されている基準点と合格点 The official sectional passing score and total passing score 】

※「基準点」は合格に必要な各科目の最低得点です。合計得点が「合格点」の100点以上で、各科目の点が一つでもこれを下回ると不合格になります。「基準点」(sectional passing score) is the minimum score required for passing a particular section. Examinees must achieve or exceed the sectional passing score for all sections to pass the JLPT.

※「配点」は公表されていません。この模擬試験独自の設定です。 The number of points awarded for each question is not officially announced. The points listed above are only for this practice test.

※「目標点」は、本試験に絶対合格するためにこの模擬試験で何点取る必要があるかを示したものです。通常は、本試験では模擬試験よりも低い点数になるので、公表されている基準点と合格点よりも高めに設定しています。また、総合得点の目標点は、回を重ねるごとに高くなっています。 The target scores have been set higher than the announced passing scores since scores in real tests tend to be lower than in practice tests. The target scores (target scores) are the scores you need to get in this practice test to put yourself in position to pass the JLPT. The target total score progressively rises for the three practice tests in this book.

言語知識（文字・語彙・文法）・読解 Language Knowledge (Vocabulary/Grammar)·Reading

【 ベスト模試 第3回 】

受験番号
Examinee Registration Number

名前
Name

問題 1

問	①	②	③	④
1	①	②	❸	④
2	①	②	❸	④
3	①	②	❸	④
4	❶	②	③	④
5	①	②	❸	④
6	①	❷	③	④

問題 2

問	①	②	③	④
7	❶	②	③	④
8	❶	②	③	④
9	①	②	❸	④
10	❶	②	③	④
11	①	❷	③	④
12	①	❷	③	④
13	①	②	③	❹

問題 3

問	①	②	③	④
14	❶	②	③	④
15	❶	②	③	④
16	①	②	③	④
17	①	②	❸	④
18	①	②	③	❹
19	①	❷	③	④

問題 4

問	①	②	③	④
20	①	②	❸	④
21	❶	②	③	④
22	①	❷	③	④
23	①	②	❸	④
24	①	②	③	④
25	①	②	❸	④

問題 5

問	①	②	③	④
26	①	②	③	❹
27	①	②	❸	④
28	①	②	❸	④
29	①	②	③	❹
30	❶	②	③	④
31	①	②	③	④
32	❶	②	③	④
33	①	②	③	❹

問題 6

問	①	②	③	④
34	❶	②	③	④
35	①	②	③	④
36	❶	②	③	④
37	①	②	③	④
38	①	❷	③	④
39	①	②	③	④
40	①	②	③	④

問題 7

問	①	②	③	④
41	①	②	③	④
42	①	②	③	④
43	❶	②	③	④
44	①	②	❸	④
45	①	②	③	④

問題 8

問	①	②	③	④
46	①	❷	③	④
47	①	②	③	④
48	❶	②	③	④
49	①	②	❸	④

問題 9

問	①	②	③	④
50	①	②	③	④
51	①	②	❸	④
52	①	②	③	④
53	①	②	❸	④
54	①	②	③	④
55	①	②	❸	④
56	①	②	③	④
57	①	②	❸	④
58	❶	②	③	④

問題 10

問	①	②	③	④
59	①	②	③	④
60	❶	②	③	④
61	①	②	③	④
62	①	②	③	❹

問題 11

問	①	②	③	④
63	①	②	③	④
64	①	②	❸	④

問題 12

問	①	②	③	④
65	①	❷	③	④
66	①	②	❸	④
67	❶	②	③	④
68	①	②	③	④

問題 13

問	①	②	③	④
69	❶	②	③	④
70	①	②	③	④

【ベスト模試 第3回】

解答一覧 Answers

N1 聴解 Listening

受験番号 Examinee Registration Number

名前 Name

問題 1

問	①	②	③	④
例	①	②	●	④
1	①	●	③	④
2	①	●	③	④
3	●	②	③	④
4	①	②	●	④
5	①	②	③	④
6	●	②	③	④

問題 2

問	①	②	③	④
例	①	②	●	④
1	①	●	③	④
2	①	②	●	④
3	①	②	●	④
4	●	②	③	④
5	①	②	●	④
6	①	②	●	④
7	●	②	③	④

問題 3

問	①	②	③	④
例	①	②	●	④
1	①	●	③	④
2	①	●	③	④
3	①	●	③	④
4	①	②	●	④
5	①	②	●	④
6	●	②	③	④

問題 4

問	①	②	③
例	①	②	●
1	●	②	③
2	①	②	●
3	①	②	●
4	●	②	③
5	①	②	●
6	●	②	③
7	①	②	●
8	●	②	③
9	●	②	③
10	●	②	③
11	①	②	●
12	①	●	③
13	●	②	③
14	●	②	③

問題 5

問		①	②	③	④
1		①	●	③	④
2		●	②	③	④
3	(1)	①	②	③	●
3	(2)	①	●	③	④

N1

【ベスト模試　第1回】

言語知識（文字・語彙・文法）・読解

（110分）

注　意
Notes

1. 試験が始まるまで、この問題用紙を開けないでください。
   Do not open this question booklet until the test begins.

2. この問題用紙を持って帰ることはできません。
   Do not take this question booklet with you after the test.

3. 受験番号と名前を下の欄に、受験票と同じように書いて
   ください。
   Write your examinee registration number and name clearly in each box below as
   written on your test voucher.

4. この問題用紙は、全部で29ページあります。
   This question booklet has 29 pages.

5. 問題には解答番号の　1 、 2 、 3 … が付いています。
   解答は、解答用紙にある同じ番号のところにマークして
   ください。
   One of the row numbers　1 , 2 , 3 … is given for each question. Mark your answer
   in the same row of the answer sheet.

受験番号　Examinee Registration Number	

名 前　Name	

問題1 ＿＿＿の言葉の読み方として最もよいものを、1・2・3・4から一つ選びなさい。

1 公園の片隅に、小さな花が咲いている。

  1 かたぐう   2 かたすみ   3 へんくう   4 へんすみ

2 最近、この街にクマが出没しているそうだ。

  1 でほつ   2 でぼつ   3 しゅっぽつ   4 しゅつぼつ

3 突然海外勤務を命じられ、戸惑いを隠せなかった。

  1 とわくい   2 こわくい   3 とまどい   4 こまどい

4 小さなボートが波間に漂っている。

  1 ただよって   2 かぶさって   3 うつろって   4 みなぎって

5 小学生のころ、強情な子どもだとよく言われた。

  1 きょうじょう   2 ごうじょう   3 きょうせい   4 ごうせい

6 初めての規則違反だったので、今回は穏便な処置がとられた。

  1 いんべん   2 いんびん   3 おんべん   4 おんびん

問題2　（　　　　）に入れるのに最もよいものを、1・2・3・4から一つ選びなさい。

7　文法に（　　　　）英語教育を見直す動きが進んでいる。
　　1　かたよった　　　2　うつむいた　　　3　かしげた　　　4　よこたえた

8　就職活動の体験を先輩から聞いたが、話が（　　　　）としていてわかりにくかった。
　　1　依然（いぜん）　　2　整然（せいぜん）　　3　敢然（かんぜん）　　4　漠然（ばくぜん）

9　隣人は日本語がとても上手なので、（　　　　）日本人だと思っていた。
　　1　てっきり　　　2　じっくり　　　3　ごっそり　　　4　おっとり

10　友達に悩みを（　　　　）、話を聞いてもらった。
　　1　うちあけて　　2　うちとけて　　3　いいよどんで　　4　いいはって

11　テストの点数にばかり（　　　　）すると、本来の教育の意味を見失ってしまう。
　　1　密着　　　2　思慮　　　3　執着　　　4　思索

12　公的な書類を作成する場合は、内容はもちろん（　　　　）を整えることも大事だ。
　　1　外観（がいかん）　　2　言外（げんがい）　　3　正体（しょうたい）　　4　体裁（ていさい）

13　今の仕事で、多くの（　　　　）を身につけることができた。
　　1　ジャンル　　　2　マスター　　　3　スキル　　　4　ノルマ

問題3 ＿＿＿の言葉に意味が最も近いものを、1・2・3・4から一つ選びなさい。

14 「資金はふんだんにある。」と社長は言った。
　　1　まあまああ る　　　　　　　　　2　豊富にある
　　3　少しだけある　　　　　　　　　4　ほとんどない

15 今年のモーターショーは、かつてないほどの盛況だった。
　　1　今までに経験のない　　　　　　2　誰にも予想できない
　　3　もう一人も入れない　　　　　　4　身動きがとれない

16 面接では、おどおどした様子を見せてはいけない。
　　1　びっくりした　　2　疲れ切った　　3　不安そうな　　4　自信満々の

17 隣人は、騒音についてしじゅう文句を言っている。
　　1　以前から　　　　2　いつも　　　　3　時々　　　　4　長時間

18 辛抱することが大事だと母はよく言っていた。
　　1　あきらめない　　　　　　　　　2　まけない
　　3　がまんする　　　　　　　　　　4　がんばる

19 気に入った柄のワンピースを買った。
　　1　布地　　　　　2　色　　　　　3　形　　　　　4　模様

問題４　次の言葉の使い方として最もよいものを、１・２・３・４から一つ選びなさい。

20 率先

1 率先して発表しようという学生が多いクラスは、活気がある。

2 パレードでは金メダリストを乗せた車が率先し、報道車があとを続いた。

3 この病院では予約のない場合の診察は、受付を早く済ませた人が率先される。

4 政治家に率先させるべき課題は、人口減少と高齢化社会に関わる事柄である。

21 たどる

1 私の上司は知識が豊富で面倒見がいいから、いつも彼をたどって仕事をしている。

2 子どものころ住んだ町を訪れ、かすかな記憶をたどって旧友の家を探し当てた。

3 医学分野における過去の実績をたどって、数人の大学教授が表彰された。

4 子どもが歩くようになり、どこに行くかわからないのでいつもたどっている。

22 ずうずうしい

1 クラスに入ってきた新入生は、ずうずうしくみんなに話しかけて好感を持たれた。

2 国会議員の選挙が近いため、選挙運動で駅前はいつもずうずうしい。

3 先生の自宅にまで伺うようなずうずうしい行為は、ひかえることにした。

4 年賀状を一枚一枚手書きで書くのはずうずうしいが、喜ばれるので続けている。

23 一向に

1 一向に話さず、相手と話のやり取りをしてはじめて会話が成立する。

2 駅前の道路を一向に進んで行くと、大きな公園に突き当たる。

3 好きなことがあれば、一向にやらないとあとで後悔すると思う。

4 ３月になっても一向に暖かくならないのは、どういうわけだろう。

24 屈指

1 私の音楽の先生は日本でも屈指のバイオリニストで、指導も素晴らしい。

2 国の友達が日本に遊びに来る日が待ち遠しくて、屈指の毎日だ。

3 バレーボールをしていたころの屈指の影響で、指の関節が普通より大きい。

4 指を伸ばしたり曲げたりする屈指の運動は、気持ちを落ち着ける効果がある。

25 はずむ

1 大勢の前で話しているとき日本語を間違えてしまって、<u>はずまない</u>思いをした。

2 明日の試験結果発表が気になり、遊んでいてもなんとなく心が<u>はずまない</u>。

3 開会式でオリンピックを<u>はずむ</u>宣言をするのは、たいてい国家元首だ。

4 私が蹴ったボールは、ゴールを大きく<u>はずんで</u>観客席に飛び込んだ。

問題5　次の文の（　　　）に入れるのに最もよいものを、1・2・3・4から一つ選び
なさい。

26　医療事故のあった病院では、患者の名前を確かめ（　　　）しないで、薬を飲ませてしまった
らしい。

1　に　　　　　　　2　と　　　　　　　3　を　　　　　　　4　も

27　早く親から独立してひとり暮らしがしたかったが、ひとり暮らしを始めたら（　　　）面倒く
さいことがたくさんあって苦労している。

1　始めようにも　　2　始めたで　　　3　始めるまで　　　4　始めても

28　週刊誌にスキャンダルを書き立てられた女優は、根も葉もないことで名誉を傷つけられた（　　　）
出版社を訴えた。

1　といっても　　　2　としても　　　3　として　　　　4　とみて

29　翻訳家の高田さんに話を伺う機会があった。高田さんによると、翻訳するうえで最も難しいのは、
外国語の文章を原文に忠実（　　　）日本語として自然な文にしていくことだそうだ。

1　かつ　　　　　　2　および　　　　3　または　　　　4　なお

30　鈴木「最近、この町にも観光客が増えてきましたね。いったい何がおもしろいんでしょうか。」
山本「地元の人間（　　　）どうということのないものでも、外から来る人にとってはとても
　　　珍しく感じられるものがあるんじゃないですか。」
鈴木「なるほどね。そういうことなんですかね。」

1　であるからには　　　　　　　　　2　にしてみれば
3　にあたっては　　　　　　　　　　4　だからといって

31　メールで連絡すれば用はすむかもしれないが、こちらの意図がちゃんと伝わるかどうかわから
ない。直接会って話せれば、それに（　　　）と思う。

1　こしたことはない　　　　　　　　2　先立つことになる
3　すぎたことはない　　　　　　　　4　しかるべきことだ

32 山中「佐藤さんのお父さんはまだ現役でお仕事をなさっているそうですね。今、おいくつですか。」

佐藤「もう80歳なんですが、父はいつも（　　　）働きたいと言っているんです。」

1　働くまでは　　　　　　　　　　　2　働いた限りは

3　働けるには　　　　　　　　　　　4　働けるうちは

33　（着物の会社で社長が社員に）

最近は着物を日常着として（　　　）方が大変少なくなりました。当社では「日常着としての着物」をコンセプトに商品を開発していきたいと思っています。

1　お召しになる　　　　　　　　　　2　お召しする

3　召し上がる　　　　　　　　　　　4　お召し上がりになる

34　（テレビのスポーツニュースで）

長い間チームの中心になって活躍してきた山田選手が、ついにファンに（　　　）引退することになりました。では、山田選手のインタビューです。

1　惜しまれようと　　　　　　　　　2　惜しんだまま

3　惜しまれつつ　　　　　　　　　　4　惜しみながら

35　（警察で）

中山　「1年前、私の婚約者は海外で仕事だと言って出かけていったんですが、3か月ほどで

　　　必ず戻ってくると約束（　　　）いまだに戻ってもこないし何の連絡もないんです。

　　　捜していただくことはできませんか。」

警察官「それはご心配ですね。では、捜索願を出してください。何かわかったらご連絡します。」

中山　「よろしくお願いします。」

1　してありながら　　　　　　　　　2　したばかりに

3　しておきながら　　　　　　　　　4　するまでもなく

— 7 —

問題6 次の文の ___★___ に入る最もよいものを、1・2・3・4から一つ選びなさい。

（問題例）

あそこで _____ _____ __★__ _____ は佐藤さんです。

1　本　　　　　2　読んでいる　　3　を　　　　　　4　人

（解答のしかた）

1．正しい文はこうです。

> あそこで _____ _____ ___★___ _____ は佐藤さんです。
>
> 　　　　　1　本　　　3　を　2　読んでいる　4　人

2． ___★___ に入る番号を解答用紙にマークします。

（解答用紙）　**（例）**　① ● ③ ④

36　先輩から冷蔵庫を譲ってもらえるかもしれない。お金もあまりないし、 __★__ _____ _____ _____ つもりだ。

1　済むんなら　　　　　　　　　2　済ませる

3　買わなくても　　　　　　　　4　買わないで

37　いつも忙しい野中さんの _____ _____ __★__ _____ は、できるはずがない。

1　なんて　　　　　　　　　　　2　ことだから

3　こと　　　　　　　　　　　　4　長期休暇をとる

38　日本は地震や台風といった自然災害が多い国だ。これからも _____ _____ __★__ _____ ことを忘れてはならない。

1　限らない　　　　　　　　　　2　ような大災害が

3　誰も経験したことがない　　　4　いつ起こらないとも

39 実力ナンバーワンと言われた田中選手が ＿＿＿ ＿＿＿ ★ ＿＿＿ からではないだ

ろうか。

1　プレッシャーになってしまった　　　　2　周りの期待が大きすぎて

3　のは　　　　　　　　　　　　　　　　4　残念ながら優勝できなかった

40 大型の飲食店をいくつも経営する前田社長は、いつも現場に出て従業員に、いかに ＿＿＿

＿＿＿ ＿＿＿ ★ 示している。

1　接するべきか　　　　　　　　　　　　2　客に

3　を　　　　　　　　　　　　　　　　　4　身をもって

問題7　次の文章を読んで、文章全体の趣旨を踏まえて、　41　から　45　の中に入る最もよいものを、1・2・3・4から一つ選びなさい。

　　21世紀というのは、十数万年にわたるヒトの歴史の中でも、きわめて変わった、実験的な時代と言えるだろう。

　　最大の変化要因は、言うまでもなくITの発達、特にネットの普及である。少なくとも原理的には、何千万どころか何億もの人々が、非常に安いコストで、直接互いに自分の意見を交換できるようになった。こういうメディアはこれまで　41　。

　　ネットと連携して、グローバル資本主義が国境を超えて広がっている。そのプレーヤーは、基本的には個人である。企業（会社）はもはや、個人を長期的に結びつける共同体的な組織　42　、個人が短期的に利益を得るための機能的な組織に変わった。国家も似たようなものだ。20世紀　43　、国家が個人に絶対的な権力を振るうことは難しい。国家の主な努力は、公正な市場を用意し、個人や企業が安全に経済活動をするための条件を整えることに　44　。

　　もちろん、物事はそれほど単純ではない。世界にはさまざまな国があるし、言葉・文化・宗教の壁もある。だが、ネットと資本が徐々に世界を均一にならしつつあることは誰も　45　。
（注）

（西垣通『ネットとリアルのあいだ　生きるための情報学』筑摩書房による）

（注）ならす：平らにする。高低やでこぼこのないようにする

41

　1　存在していた　　　　　　　　2　存在するべきではない

　3　存在するべきだった　　　　　4　存在したことはない

42

　1　とはいっても　　　　　　　　2　というよりも

　3　であって　　　　　　　　　　4　であると同時に

43

　1　と違って　　　2　に向かって　　　3　を通じて　　　4　に関して

44

　1　注がせる　　　2　注がされる　　　3　注がれる　　　4　注いでいる

45

　1　否定されるだろう　　　　　　2　否定できないだろう

　3　否定するべきだろう　　　　　4　否定されないだろう

問題8 次の(1)から(4)の文章を読んで、後の問いに対する答えとして最もよいものを、1・2・3・4から一つ選びなさい。

(1)

　サンデルは、学生たちの様々な考えを引き出しながら、対話を通じて議論を深化させていく。この手法は実に見事である。サンデルは、いわば全体の進行を制御する指揮者のような役割を果たしており、発言する学生たちに様々な演奏をさせていくように感じられる。

　それはいわば演劇的な構成を持っているように思われ、ちょうどプラトンが書いたソクラテスの対話編のような趣を持っている。プラトンの対話編においても、ソクラテスの対話相手が様々な議論を繰り出し、対話を通じてソクラテスはそれらの議論の難点を明らかにしていく。

（小林正弥『サンデルの政治哲学』平凡社による）

（注1）サンデル：人名
（注2）プラトン：紀元前5～4世紀の古代ギリシャの哲学者で、ソクラテスの弟子。その著作は主にソクラテスを語り手とする対話の形式をとっている。
（注3）ソクラテス：紀元前5～4世紀の古代ギリシャの哲学者。著述を行わず、プラトン等弟子の著作を通じて知られている。

46 ソクラテスが本文に取り上げられているのはなぜか。

1 政治哲学を専攻する学生は、まずギリシャ哲学を学ばなければならないから
2 大学で哲学を指導するサンデルは、ギリシャ哲学を学問の基礎と考えているから
3 大勢の学生を相手するサンデルと1対1で議論するソクラテスが、対照的だから
4 相手との対話により議論を深めるサンデルの手法が、ソクラテスを思い出させるから

(2)

　以下は、レポートを書く際の注意書きの一部である。

　◇矢印の使い方　※下記以外の矢印は、当レポートでは使わないこと。

　　┌─────────────────┐
　　│　ア．A　➡　B　　　│
　　│　イ．A　→　B　　　│
　　│　ウ．A　←　B　　　│
　　│　エ．A　↔　B　　　│
　　└─────────────────┘

　　ア．移動、変化を表す場合
　　イ．Bが結果、帰結を表す場合
　　ウ．Bが原因、理由を表す場合
　　エ．反対、相互作用

　矢印は視覚に訴えるため、言葉で説明するよりもわかりやすいことが多い。しかし多用するとかえって煩雑になるので、原則として必要最小限の使用にとどめること。必ず、どのような意味で使っているかを明確に意識したうえで使用すること。

47　この注意書きに沿って書かれているものはどれか。

　1　小学生　→　中学生　→　高校生　→　大学生
　2　光が無い　➡　物が見えない　　気温が上がる　➡　暑い
　3　人口が減る　←　出生率が下がる　　テストの点が上がる　←　勉強する
　4　風邪をひく　↔　薬を飲む

(3)

　さて、「何たる偶然」とはどんなゲームか。二人の役者に対座してもらい、片方が相手に質問し、お互いの共通点を10個探すのである。で、共通点が見つかると、二人同時に「何たる偶然！」と叫ぶ。10個見つける頃には、二人の心理的距離は相当縮まっている。初対面の役者が、いつまでも他人行儀のままでは演技の練習にならない。その距離を埋めるためのメソッドである。大変そうだが、10個の共通点は数分で見つかる。このメソッドをやった後は、演技の稽古がやりやすくなる。

（竹内一郎『人は見た目が９割』新潮社による）

48　「何たる偶然」というゲームは、何のためにするのか。

　　1　共通点のある人をできるだけ多く見つけるため

　　2　自分が他人とどれほど違うかを実感するため

　　3　初めて会った人どうしを親しくするため

　　4　俳優たちの演技力を高めるため

読解

そもそもゴルフとは、どんなスポーツでしょう。

決められたコースを、決められた打数よりなるべく少ない打数であがる。それがゴルフです。

それならば、みんながいい成績をあげられるよう、つまり、いいスコアが出せるように、グリーン(注1)までの距離は短くし、コースはすべて真っ直ぐに、バンカー(注2)やクリーク(注3)や池なんて、全部なくしてしまったらどうでしょう。

きっとそれではとても味気ない。結局は、そうした困難を克服したうえで、自分の求めている成果が得られるのが楽しいのです。

（嶋津良智『怒らない技術』フォレスト出版による）

（注1） グリーン：ゴルフのコースのうち、芝生の部分
（注2） バンカー：ゴルフのコースのうち、砂でできている部分
（注3） クリーク：ゴルフのコース内の小さい川

49 筆者の考えと合っているものはどれか。

1 スポーツは、環境や条件さえよくすればよい成績があげられる。
2 ゴルフは、もっといい成績が出るような環境にしたほうがいい。
3 困難を乗り越えて成果をあげたときに、より大きな喜びがある。
4 味気ない事柄でも、自分の工夫によって楽しくすることができる。

問題９　次の(1)から(3)の文章を読んで、後の問いに対する答えとして最もよいものを、
　　　　１・２・３・４から一つ選びなさい。

(1)

　日本語を学び始めたころ、悪夢のような考えが何度もくり返しぼくの頭をよぎったものだ。ある日、
コンピューターと脳科学のめざましい発達のおかげで、外国語を理解し、話せるようになるソフト
を人間の脳にプログラミングすることが可能になる。夜、寝ている間にプログラミングしてもらえ
ば外国語がマスターできるというわけだ。あるいは、そんな手間すら不要になるかもしれない。近
い将来、耳にアダプターをつけるだけで、自分の母語を話しながら外国人と自由にコミュニケート
できるようになるだろう——。

　ぼくは漢字を覚えようとしながら（より正確には、覚えようとしてはつまずきながら）テキスト
の漢字を見つめる。そして、リストにはまだ何百も覚えねばならない漢字があるのを見て、ぼくは
こうした苦労がまったくの時間の無駄になってしまいかねないことに無性に腹が立ってくるのだった。
心の奥底から、５年ないし10年後のラッキーな人々への嫉妬がふつふつと湧き上がってくる。きっ
と彼らは、「世紀の大発明」の前にぼくが日本語学習に注ぎ込んだ努力を笑いとばすことだろう！

　「そんなの妄想だよ。少なくとも何十年も先だ」と誰かに言ってもらえれば気が楽になっただろうが、
しかし、それ以上に、言葉を学ぶことはそれ自体で価値があるということにぼくは気づくべきだっ
たと思う。

（コリン・ジョイス　谷岡健彦訳『「ニッポン社会」入門—英国人記者の抱腹レポート』NHK出版による）

50　①悪夢のような考えとはどんな考えか。

1　科学の発達により、人間は努力しないで外国語が使えるようになる。

2　人間の脳を支配するコンピューターが発明され、人を自由に操る。

3　人間の体に、話し相手の考えが理解できるソフトが組み込まれる。

4　寝ている時など自分が気づかない間に、脳をコントロールされる。

51 ②まったくの時間の無駄になってしまいかねないとは、どういうことか。

　1　日本語を覚えるための今の苦労は、決して無駄にはならない。

　2　日本語を覚えるための今の苦労は、無駄になる可能性がある。

　3　何百もの漢字を覚えるのは、外国人にとって時間の無駄である。

　4　日本人は大量の漢字を覚えてきたが、それは時間の無駄だと思う。

52 ③言葉を学ぶことはそれ自体で価値があるとは、どういうことだと想像されるか。

　1　自分の母語で外国人と会話できるという状況は、とても価値がある。

　2　学習しなくても外国語習得が可能な技術を開発することは、とても価値がある。

　3　外国語が話せる能力が短期間で身につく科学は、とても価値がある。

　4　外国語を学習することで得られる様々な知識は、とても価値がある。

読解

(2)

NLPのくわしい説明は省くが、その中に「タイムライン」という考え方がある。人間は頭の中にタイムマシーンのようなものを持っており、過去・現在・未来を自由に移動することができる、というもので、このとき感じる内的、主観的時間を「タイムライン」と呼ぶのだ。NLPの実際のセラピーでは、この「タイムライン」を実際の直線として地面に描き、その上を前後に歩きながらより過去や未来を体感する。

そのときのレクチャーでも教室の床のフローリングの継ぎ目を「タイムライン」に見立て、講師の誘導で学生が現在から過去、未来へと時間軸を移動してみることになった。「では、過去にどんどんさかのぼってみましょう。あなたのこれまでの人生でいちばんうれしかった瞬間まで、戻ってみることにしましょうか」

そう言われて学生はおずおずと後ずさりを始めるが、なかなか一点で立ち止まることができない。「うれしかったこと、と言われても……何かな……そんなこと、あったかな」と戸惑っているようだ。

（中略）

講師が言うには、教科書的にはどこかの地点で立ち止まったら、そこであたかもその瞬間に戻ったようにもう一度、その喜びやうれしさを体感してもらうのだそうだ。もちろん、そこで自分を肯定し、自信を取り戻してもらうのが目的だ。

（香山リカ『しがみつかない生き方―「ふつうの幸せ」を手に入れる10のルール』幻冬舎による）

（注1）NLP：「神経言語プログラミング」の略称。心理療法やビジネスコミュニケーションの世界でも応用されているアメリカ発の理論
（注2）そのときのレクチャー：筆者の大学のゼミで、NLPの講師を招いてレクチャーを受けている。

53　本文の「タイムライン」と関係のあるものはどれか。

1　タイムマシーンの製作が科学的に可能かどうか、さまざまな手段を使って調べた。
2　自分の将来の望ましい姿を頭に描いた結果、希望を持ち、前向きな気持ちになった。
3　過去に繁栄した文明がどのような変化の経緯をたどって衰退したか、研究している。
4　地面に直線や曲線を書き、その上を景色を見ながらゆっくり歩くと心が落ち着く。

54 なかなか一点で立ち止まることができないというのはなぜか。

1　このセラピーの意味が理解できず、どう行動していいかわからないから

2　フローリングの継ぎ目だったため、直線がはっきりしていないから

3　うれしかったことがありすぎて、「いちばん」のものを選べないから

4　過去において自分がうれしかったことが、見つけられないから

55 このセラピーの目的は何か。

1　過去の充実感や喜びを今改めて感じることで、自信を取り戻す。

2　以前できていたことをもう一度やってみることで、自信を取り戻す。

3　昔の自分の行動を反省したり後悔したりすることをやめ、自分を肯定する。

4　思い出せることと思い出せないことを明確にすることで、自分を肯定する。

(3)

　質問を考えるのは、簡単ではない。まずわたしたちは、子どものころから、そのためのトレーニ
①
ングをまったくと言っていいほど受けていない。教師の質問に答えるための勉強と答え方は、トレー
ニングといえるほどのものではないが、それなりに経験する。

　「はい。何か質問はありませんか」と、授業で教師が聞くことはあったが、それはそのときの授業
内容に関する質問に限られた。トレーニングの機会がないどころか、わたしが子どものころ、学校
で質問が奨励されることはほとんどなかった。とくに、指示や命令に関する質問は排除される傾向
にあった。

　たとえば、小学生のころ、「今日は校庭の溝を掃除してもらいます」と担任の女性教師が指示を出
して、わたしは、「どうして掃除しなければいけないんですか」と質問したのだが、いやな顔をされ、
②
かつ無視された。（中略）

　わたしは、質問することに長けているとよく言われるが、それは、だいいちに、子どものころから、
疑問に思ったことをすぐ口に出して言ってきたからだ。両親には感謝している。子どもは、その特
質として好奇心が旺盛なので、幼いころから、親を質問攻めにするものだ。わたしの両親は二人と
も教師で、忙しかったにもかかわらず、どんな質問にも、ていねいに答えてくれた。子どもの好奇
心を大切に培うために、どんな質問にも必ず答えるようにしていたんだと、あとになって父から聞
いたことがある。わたしは「あらゆることに疑問を持ち、質問し続ける」子どもだった。

（村上龍『おしゃれと無縁に生きる』幻冬舎による）

56 ①質問について、筆者はどう述べているか。

1　質問する機会は、学校では限定的であり、場合によっては排除された。

2　質問に答えるためのトレーニングは、学校で十分行われてきた。

3　授業内容に関する質問も含め、学校では質問する機会がまったくなかった。

4　教師は、指示や命令に関する生徒の質問には必ず答えなければならなかった。

[57] ②いやな顔をされとあるが、なぜいやな顔をしたのか。

1　先生に無視されてしまったから

2　校庭を掃除するのがいやだったから

3　生徒に掃除をさせたくなかったから

4　質問されるとは思っていなかったから

[58] 筆者の考えと合っているものはどれか。

1　小学校での指導の仕方としては、児童に質問させずにまず行動させるほうがいい。

2　日本の小学校では児童に掃除をさせているが、それはいい指導とはいえない。

3　私が質問上手なのは、子ども時代に両親が必ず質問に答えてくれたからである。

4　子ども時代の好奇心を持ち続けることが、大人になって仕事の上で役に立つ。

問題10　次の文章を読んで、後の問いに対する答えとして最もよいものを、1・2・3・4から一つ選びなさい。

　ところが現在では当時にはまだ十分に意識されていなかったテーマが、脳科学の分野でも研究対象として脚光を浴びている。そんなテーマの一つに、人間の「社会的知性」①がある。脳は個体として、その機能が完結しているのではなく、他者との関係性もまた、脳の機能にとっては非常に重要な意味を持つことがあきらかになったのだ。

　その契機となったのが、大脳皮質の前頭葉で発見された「ミラーニューロン」②だ。1996年にイタリアの脳科学者ジアコーモ・リゾラッティらによって発見された神経細胞である。この発見が脳科学に一大転機を与えたといっても過言ではない。

　ミラーニューロンは、その名前が示唆するように、自分の行為と他者の行為を鏡に映したようにコード(注1)する。たとえば、他者が手を伸ばして何かをつかもうとしている行動をみると、同じ行動をとったときの脳活動が自分の脳でもみられるという。ホラー映画で山場を迎えたとき、恐怖におののく登場人物同様、観客の脳でも恐怖がトレース(注2)される。相手の行動や感覚を自分の脳に映し込んで、認識するのだ。最初は猿の脳から発見されたが、その後、人間の脳でも対応する部位が発見された。

　このミラーニューロンが注目されるのは、それが人間の本質である「社会的知性」を支える脳の機能と推測されるからだ。

　たとえば「社会的知性」の特徴とされるものに、利他性③がある。これは他の人のために奉仕するという性質だ。進化論の自然淘汰(注3)という点から考えれば、すべての生物にとっては自分が生き残ることが最大の目的だ。動物である人間も、極端ないい方をすれば「自分さえ良ければ」という利己性が働いておかしくはない。

　だが、人間の場合は「社会的知性」が発達しているので、他者のために何かをすること自体を喜びとして脳の報酬系が働く側面がある。他者と協調して行動をするネットワークが築かれ、「自分にもいい、そして他の人にとってもいい」という状態をつくっているのだ。

　（中略）

　600万個ものパーツを分業により組み立ててできているジャンボジェット機を例にとっても、こんな複雑な作業は「社会的知性」がある人間以外にはできるはずがない。貨幣のような価値の分配、④流通も、分業システムを前提として成り立っている。

　人間の最大の特徴は、「社会的知性」を背景に、こうした高度に発達した社会を築き上げたことでもあるのだ。

（茂木健一郎『化粧する脳』集英社による）

（注１）コードする：ここでは、そのまま映す

（注２）トレースする：ここでは、写す

（注３）自然淘汰：環境に適応した個体だけが生存し子孫を残す、という進化論の考え。ここでは、すべての生物は自分という個の生存を求める、ということ。

---

59 ①「社会的知性」について、筆者の考えと合っているものはどれか。

1　個体として完結した脳の機能により、高度に発達した社会を作り上げる知性である。

2　他者との関係性を重視し、協調して社会を築き上げる、人間の本質的な性質である。

3　自分が生き残るという、全生物にとって最大の目的を果たすための本能である。

4　分業を効率的に進め、経済的な発展を最も重要だと考える人間の脳の機能である。

60 ②「ミラーニューロン」の機能が働いている例はどれか。

1　レモンや梅干しを見ただけで、口の中に唾液が広がった。

2　他人の成功をうらやまず、自分は自分だと考えている。

3　自分の過去の行動を振り返って、いろいろ反省した。

4　一人ぼっちで寂しそうな人を見て、悲しい気持ちになった。

61 ③利他性について、筆者の考えと合っているものはどれか。

1　人間は利他性を備えているが、進化論の考え方からすれば、逆の性質である。

2　進化論の考え方に基づき、人間も他の動物同様、利他性を強く備えている。

3　利他性は、自分さえ良ければいいという考え方で、人間に特有のものである。

4　利他性は利己性と逆の性質で、人間だけでなくすべての動物が持っている。

62 本文では、④貨幣はどういうものとして挙げられているか。

1　人間の社会はお金が支配しているという事実の証明

2　ジェット機のための膨大な量の部品を購入する手段

3　社会的知性を基に、人間が作り上げた高度なシステムの例

4　人間の社会的知性が働いて、他者のために寄付する金銭

問題11　次のＡとＢの文章を読んで、後の問いに対する答えとして最もよいものを1・2・3・4から一つ選びなさい。

以下の二つは、改訂された「新高校学習指導要領」^(注)について書かれた文章の一部である。

Ａ

　　カリキュラムは従来、「何を学ぶか」から考えて作っていたが、今回はまず、「何ができるようになるか」を明確にし、その上で学ぶ内容を決めているのが特徴だ。

　　具体的には「歴史総合」や「地理総合」の新設に代表されるように、大学受験のために細かな用語を覚えることよりも、まずは総合的に大きな流れを把握することを重視している。また、一部の科目名に「探究」が登場するように、自ら課題を設定して調べる「探究型」が導入され、結果を自身の言葉で説明する力も求められる。

　　これは、センター試験に代わって2021年1月から始まる大学入学共通テストの狙いと重なる。大学入試と高校の授業のセットで、教育改革を進める文部科学省の方針が見える。

（小林浩　朝日新聞2018年2月15日朝刊による）

Ｂ

　　今回の高校教育改革のキーワードとして「探究」があります。

　　「探究」とは、子どもたちが自ら問いを立て、様々な学問・科学や芸術の手法を駆使して、より良い答えを見出していくような学習を指します。（中略）

　　実は、世界的に見ると、日本の小学校ではこの「探究」が非常に進んでいたといえます。保護者の皆様の中にも、国語や算数の授業で、文章の読み取りや問題の解き方についてみんなで議論したとか、理科の実験や観察を楽しんだ記憶が残っているかたも多いのではないでしょうか。

　　ところが、中学、高校と進むにつれ、授業は先生が教科書に沿って知識を教える「非探究的」なものになりがちでした。世界的にみれば逆で、年齢が進むにつれ探究的な学習になるという流れのほうが主流です。

（奈須正裕　ベネッセ教育情報サイト〈https://benesse.jp/kyouiku/201804/20180402-1.html〉2019年2月25日取得による）

（注）高校学習指導要領：高校における教育内容を定めた基準

63 「新高校学習指導要領」について、AとBはどのような視点から述べているか。

1 Aは全体を捉えて解説的に述べ、Bはある一点に焦点を当てて説明している。

2 Aは改訂を行うことになった理由を述べ、Bは改訂の経緯について述べている。

3 Aは改訂の経緯を中立的に述べ、Bは改訂に対して反対意見を述べている。

4 Aは改訂に対して問題点を提示し、Bは改訂を支持する意見を述べている。

64 「探究」について、AとBはどのように述べているか。

1 Aは「探究」は高校教育で重視されるべきだと述べ、Bは高校教育では「探究」の重要度は低いと述べている。

2 Aは高校の授業と大学入試の一体化との関連で「探究」に触れ、Bは年齢が上がるにつれ学校で「探究」が実現されていないと述べている。

3 Aは必要な用語を覚えることが「探究」だと述べ、Bは「探究」とは学習者が自分で答えを見出すことだと述べている。

4 Aは日本と他の国の教育の比較に触れていないが、Bは日本は「探究」という点で他国より後れていると述べている。

問題12　次の文章を読んで、後の問いに対する答えとして最もよいものを1・2・3・4
　　　　から一つ選びなさい。

　ぼくたちがものを学ぼうとするときに、どういう理由があるだろう。まず1つ目に挙げられるの
が「競争動機」（勝つ喜び）。周りの子とテストの点数を競い合うとか、人よりも高い偏差値の学校
に合格したいと思って受験勉強をするのは、この「競争動機」による。

　2つ目に挙げられるのが「理解動機」（わかる喜び）。「自分の力で問題が解けた」とか「自分の考
えをうまく説明できた」と感じる喜びだ。戦後の日本の教育は「競争動機」と「理解動機」に集中
して議論がなされてきた。だが、実はもう1つ大切な動機がある。

　それが「自分もこういうスゴイ人になってみたい」と思う「感染動機」だ。直感で「スゴイ」と
思う人がいて、その人のそばに行くと「感染」してしまい、身ぶりや手ぶりやしゃべり方までまね
してしまう——そうやって学んだことが一番身になるとぼくは思う。

　（中略）

　彼らの知識ひとつひとつは、問題じゃない。書かれた書物をもふくめた「たたずまい」を見てい
ると、突如「この人は本当にスゴイ」としびれる瞬間が訪れる。それが訪れてからは、「その人だっ
たら世界をどう見るのか」をひたすらシミュレーションするだけだ。

　ぼくは偶然そういう経緯をたどったけれど、こういう「感染動機」からものを学ぶやり方をたぶ
ん君は知らないだろう。これ以外の「競争動機」や「理解動機」で先に進んでも、砂粒のような知
識の断片が集まりがちだ。「感染動機」だけが知識を本当に血肉化できる。

　なぜなのか。「競争動機」は競争に勝った喜びの瞬間。「理解動機」は理解できた喜びの瞬間。こ
れらの瞬間を求めて、君はやる気を出す。「感染動機」は違う。スゴイ人に「感染」して何かをして
いる時間が、すべて喜びの時間——瞬間じゃない——になるんだ。

　だから「感染動機」が最も強い「内発性」をあたえる。「内発性」とは内側からわき上がる力だ。「自
発性」と比べるといい。損得勘定で「何か」をするとき、別に誰に強制されてはいないけれど、そ
の「何か」自体が喜びなわけじゃない。これが「自発性」だ。

　喜びの瞬間を目指して「何か」をする場合も、それは同じだ。だから「競争動機」も「理解動機」
も「自発性」に基づく。「感染動機」は違う。「感染」している限り、「何か」自体が喜びになる。や
ることなすことが喜びだ。これこそが「内発性」なんだ。

（宮台真司『14歳からの社会学—これからの社会を生きる君に』筑摩書房による）

（注）そういう経緯をたどった：（中略）の部分で、筆者が3人の知識人に「感染」した経験を述べ
　　　　　　　　　　　　ているが、「そういう経緯」とはその部分を指している。

— 26 —

65 筆者の言う①理由をすべて述べているものはどれか。

1 人に勝ちたい意欲、難問を解いたときの充実感、人と議論しようという熱意

2 人に勝ちたい意欲、わかった時の喜び、尊敬する人のようになりたいという気持ち

3 人と競い合う競争心、希望の大学に合格した喜び、難問を解いたときの充実感

4 自分を高めようという向上心、人と競い合う競争心、誰かを尊敬する気持ち

66 ②——瞬間じゃない——というのは、何を強調して言っているのか。

1 何かをしている喜びの時間は、瞬間の積み重ねでしか作れないこと

2 何かをしている時間すべてが喜びであって、達成した瞬間の喜びではないこと

3 達成するまでは努力が必要だが、達成した瞬間に喜びと満足感を感じること

4 達成するまでが喜びであって、終わってしまえばその喜びは失われること

67 ③「内発性」にあたるものはどれか。

1 ディベートのクラスでいつも勝負に勝っていて、満足している。

2 弁論大会に出場して最優秀賞に輝き、誇らしい気持ちになった。

3 今まで解けなかった数学の問題を自分の力で解いて、充実感を得た。

4 深く尊敬している学者のインタビューを観て、その内容に感銘した。

68 次は本文を読んで書いたメモである。内容を正しく表しているものはどれか。

1 感染動機【喜びの時間・内発性】＞競争動機・理解動機【喜びの瞬間・自発性】

2 感染動機【喜びの瞬間・自発性】＞競争動機・理解動機【喜びの時間・内発性】

3 競争動機・理解動機【喜びの瞬間・内発性】＞感染動機【喜びの時間・自発性】

4 競争動機・理解動機【喜びの時間・自発性】＞感染動機【喜びの瞬間・内発性】

読解

問題13　右のページは、「みらい区生涯学習センター」の利用申し込み方法である。
　　　　下の問いに対する答えとして最もよいものを、1・2・3・4から一つ選びなさい。

69　ジムさんはアルバイト先の会社で、みらい区生涯学習センターのホールを申し込むように言われた。下のメモが会社の情報である。ジムさんはどのように申し込むか。

```
（株）アルファ　　　本社：Y市N区
　　　　従業員50名：うち、みらい区在住者　30名
　　　　希望利用日：20XX年6月25日（木曜）　午後1時〜午後5時
```

1　20XX年3月1日午前9時までに抽選会に行く

2　20XX年3月25日午前9時までに抽選会に行く

3　20XX年3月2日午前9時に生涯学習センターの窓口に行く

4　20XX年6月11日までに生涯学習センターの窓口に行く

70　ガンさんは日本舞踊のグループに所属している。和室を全日借りて練習することになり、空いている日を探して申し込んだ。人数は16人である。9月20日に承認の連絡が来たので支払いに行くが、いつまでにいくら払うか。

1　9月6日までに、1,200円払う

2　9月6日までに、2,800円払う

3　10月4日までに、2,800円払う

4　10月4日までに、3,500円払う

みらい区生涯学習センターご利用について

1. 利用受付開始日

　　利用予定日の3か月前の月の初日（初日が休館日に当たるときは、その直後の開館日）から受け付けます。

2. 抽選会について

　　＊抽選会にご参加ください。抽選会は、受付開始日のみ行います。

　　＊抽選会当日は、午前8時45分に開館します。

　　＊抽選参加資格（※）を持ち、午前9時までに入館した方が抽選会に参加できます。

　　　※抽選会参加資格を持つ団体：みらい区に本社がある又は在住者が構成員の5割以上を
　　　　　占める団体。

【抽選会日程】

　　・20XX年5月ご利用分 → 20XX年2月1日（土曜）

　　・20XX年6月ご利用分 → 20XX年3月1日（日曜）

　　・20XX年7月ご利用分 → 20XX年4月1日（水曜）

3. 抽選会を過ぎてからのお申し込みの場合

　　お申し込みがなく抽選会が行われなかった、抽選会後キャンセルが出た、等の場合の空き状況はホームページに掲載しています。このご利用の場合は、お申し込み先着順となります。

　　＊開館日の午前9時から午後5時

　　＊生涯学習センター窓口でお申し込みください。

4. 料金とお支払い

　　使用料は、承認後のお支払いとなります。承認の連絡を受けてから2週間以内に規定の施設使用料を生涯学習センター窓口でお支払いください。2週間以内にお支払いがない場合は、利用をキャンセルしたものとみなさせていただきます。

	定員（人）	使用料（円）	
		9時〜12時	13時〜17時
ホール	302	12,400	27,000
第1教室	54	1,800	3,000
第2教室	30	1,500	2,000
和室（大）	24	1,200	1,600
和室（小）	12	800	1,000

　　＊全日（9時〜17時）の場合は、両方の料金を足した金額になります。

N1

【ベスト模試　第1回】

聴解

（60分）

注　意
Notes

1. 試験が始まるまで、この問題用紙を開けないでください。
   Do not open this question booklet until the test begins.

2. この問題用紙を持って帰ることはできません。
   Do not take this question booklet with you after the test.

3. 受験番号と名前を下の欄に、受験票と同じように書いて
   ください。
   Write your examinee registration number and name clearly in each box below as
   written on your test voucher.

4. この問題用紙は、全部で13ページあります。
   This question booklet has 13 pages.

5. この問題用紙にメモをとってもかまいません。
   You may make notes in this question booklet.

受験番号　Examinee Registration Number	

名 前　Name	

問題 1

問題1では、まず質問を聞いてください。それから話を聞いて、問題用紙の1から4の中から、最もよいものを一つ選んでください。

れい
例

1　プロジェクトの目標

2　よさんの計画

3　しじょうのぶんせき

4　スケジュール

1番

1　テーブルといすを並べる
2　区役所の会議室へ行く
3　会場のホームページを開ける
4　会場の本部事務局に電話する

2番

1　自分でじぎょうを始めること
2　講座の面接に合格すること
3　発表コンテストを勝ちぬくこと
4　先輩を見つけて話を聞くこと

3番

1 車いすマークのある旅館だけを探す
2 車いすで泊まれるかどうか旅館にきく
3 交通きかんのチケットを予約する
4 旅行先に住んでいる友人に連絡する

4番

1 子どもに動物の世話をさせる
2 子どもに大人と話をさせる
3 子どもといっしょに本を読む
4 子どもといっしょにテレビを見る

5番

1 一つのがめんの文字が少ないもの

2 使う色の数が少ないもの

3 結論を先に述べているもの

4 はいけいの説明を先に述べているもの

6番

1 動画を探す

2 取材に行く

3 研究室に行く

4 デパートに電話する

問題2では、まず質問を聞いてください。そのあと、問題用紙のせんたくしを読んでください。読む時間があります。それから話を聞いて、問題用紙の1から4の中から、最もよいものを一つ選んでください。

れい
例

1 研究した内容がおもしろかったから
2 絵を使った発表の仕方がよかったから
3 友達の発表に対してよく質問したから
4 静かに友達の発表を聞いていたから

1番

1 柔らかくて舌ざわりのいいパンを作ること

2 輸入した最高級の材料を使ってパンを作ること

3 店を工場のとなりに開いて新鮮なパンを売ること

4 店を和風レストランのようなふんいきにすること

2番

1 公園の中に建っていて環境がいいが、価格が高いから

2 買い物をしたり病院に行ったりするのに不便だから

3 近くの駅から長く歩かないといけない場所にあるから

4 駅には近いが、ごみごみしていてうるさい場所にあるから

3番

1　とうさんする企業が多いから
2　求人難だという報道がないから
3　ちんぎんが下がっているから
4　ちんぎんがあまり上がっていないから

4番

1　体の内部からあたたまってリラックスするから
2　緊張をほぐし、気持ちをゆるめることができるから
3　お湯がすべてを洗い流し、さっぱりするから
4　滝に打たれるように、心と体をきよめることができるから

5番

1 使われていないことがわかったから

2 正しい使い方を知っている人がいないから

3 軽いし小さすぎるし、あまり喜ばれないから

4 食器だなが いっぱいになってしまうから

6番

1 職場で、新入社員の歓迎会をする習慣があること

2 社員の歓迎会をするためにレストランへ行くこと

3 自分の歓迎会の料理をおいしくないと言ってはいけないこと

4 誰かが作った料理をおいしいと言わないといけないこと

7番

1 仕事の時間が自由に選べるから
2 研修で社長が会社の方針を話すから
3 経営者の考えが伝わっているから
4 職場の人間関係がいいから

もんだい

問題 3

　問題3では、問題用紙に何も印刷されていません。この問題は、全体としてどんな内容かを聞く問題です。話の前に質問はありません。まず話を聞いてください。それから、質問とせんたくしを聞いて、1から4の中から、最もよいものを一つ選んでください。

ーメモー

聴解

— 10 —

問題 4

問題4では、問題用紙に何も印刷されていません。まず文を聞いてください。それから、それに対する返事を聞いて、1から3の中から、最もよいものを一つ選んでください。

－メモ－

聴解

もんだい
問題 5

問題 5 では、長めの話を聞きます。この問題に練習はありません。問題用紙にメモをとってもかまいません。

1番、2番

問題用紙に何も印刷されていません。まず話を聞いてください。それから、質問とせんたくしを聞いて、1 から 4 の中から、最もよいものを一つ選んでください。

ーメモー

3番
<ruby>番<rt>ばん</rt></ruby>

まず<ruby>話<rt>はなし</rt></ruby>を<ruby>聞<rt>き</rt></ruby>いてください。それから、<ruby>二<rt>ふた</rt></ruby>つの<ruby>質問<rt>しつもん</rt></ruby>を<ruby>聞<rt>き</rt></ruby>いて、それぞれ<ruby>問題用紙<rt>もんだいようし</rt></ruby>の1
から4の<ruby>中<rt>なか</rt></ruby>から、<ruby>最<rt>もっと</rt></ruby>もよいものを<ruby>一<rt>ひと</rt></ruby>つ<ruby>選<rt>えら</rt></ruby>んでください。

質問1
しつもん

1　1時と2時

2　2時と3時

3　1時と3時

4　2時と4時

質問2
しつもん

1　1時

2　2時

3　3時

4　4時

聴
解

解答用紙

N1 言語知識（文字・語彙・文法）・読解

【 ベスト模試 第1回 】

受験番号 Examinee Registration Number

名前 Name

問題 1

	1	2	3	4
1	①	②	③	④
2	①	②	③	④
3	①	②	③	④
4	①	②	③	④
5	①	②	③	④
6	①	②	③	④

問題 2

	1	2	3	4
7	①	②	③	④
8	①	②	③	④
9	①	②	③	④
10	①	②	③	④
11	①	②	③	④
12	①	②	③	④
13	①	②	③	④

問題 3

	1	2	3	4
14	①	②	③	④
15	①	②	③	④
16	①	②	③	④
17	①	②	③	④
18	①	②	③	④
19	①	②	③	④

問題 4

	1	2	3	4
20	①	②	③	④
21	①	②	③	④
22	①	②	③	④
23	①	②	③	④
24	①	②	③	④
25	①	②	③	④

問題 5

	1	2	3	4
26	①	②	③	④
27	①	②	③	④
28	①	②	③	④
29	①	②	③	④
30	①	②	③	④
31	①	②	③	④
32	①	②	③	④
33	①	②	③	④
34	①	②	③	④
35	①	②	③	④

問題 6

	1	2	3	4
36	①	②	③	④
37	①	②	③	④
38	①	②	③	④
39	①	②	③	④
40	①	②	③	④

問題 7

	1	2	3	4
41	①	②	③	④
42	①	②	③	④
43	①	②	③	④
44	①	②	③	④
45	①	②	③	④

問題 8

	1	2	3	4
46	①	②	③	④
47	①	②	③	④
48	①	②	③	④
49	①	②	③	④

問題 9

	1	2	3	4
50	①	②	③	④
51	①	②	③	④
52	①	②	③	④
53	①	②	③	④
54	①	②	③	④
55	①	②	③	④
56	①	②	③	④
57	①	②	③	④
58	①	②	③	④

問題 10

	1	2	3	4
59	①	②	③	④
60	①	②	③	④
61	①	②	③	④
62	①	②	③	④

問題 11

	1	2	3	4
63	①	②	③	④
64	①	②	③	④

問題 12

	1	2	3	4
65	①	②	③	④
66	①	②	③	④
67	①	②	③	④
68	①	②	③	④

問題 13

	1	2	3	4
69	①	②	③	④
70	①	②	③	④

解答用紙

N1 聴解

【 ベスト模試 第1回 】

受験番号
Examinee Registration
Number

名前
Name

問題 1

問				
例	①	●	③	④
1	①	②	③	④
2	①	②	③	④
3	①	②	③	④
4	①	②	③	④
5	①	②	③	④
6	①	②	③	④

問題 2

問				
例	①	●	③	④
1	①	②	③	④
2	①	②	③	④
3	①	②	③	④
4	①	②	③	④
5	①	②	③	④
6	①	②	③	④
7	①	②	③	④

問題 3

問				
例	①	●	③	④
1	①	②	③	④
2	①	②	③	④
3	①	②	③	④
4	①	②	③	④
5	①	②	③	④
6	①	②	③	④

問題 4

問			
例	①	②	●
1	①	②	③
2	①	②	③
3	①	②	③
4	①	②	③
5	①	②	③
6	①	②	③
7	①	②	③
8	①	②	③
9	①	②	③
10	①	②	③
11	①	②	③
12	①	②	③
13	①	②	③
14	①	②	③

問題 5

問				
1	①	②	③	④
2	①	②	③	④
3 (1)	①	②	③	④
(2)	①	②	③	④

N1

【ベスト模試　第2回】

言語知識（文字・語彙・文法）・読解

（110分）

受験番号　Examinee Registration Number	

名前　Name	

問題1 ＿＿＿＿の言葉の読み方として最もよいものを、1・2・3・4から一つ選びなさい。

1 会社再建のために奔走した。
　1 ふんそう　　　　2 はんそう　　　　3 ほんそう　　　　4 ばんそう

2 京都の寺はどこも荘厳な雰囲気だ。
　1 しょうごん　　　2 しょうげん　　　3 そうごん　　　　4 そうげん

3 他人のために行動しようという精神は、とても尊い。
　1 しつこい　　　　2 こころよい　　　3 はかない　　　　4 とうとい

4 教授の口利きで、インターンシップのプログラムに参加することができた。
　1 こうきき　　　　2 こうりき　　　　3 くちきき　　　　4 くちりき

5 お客様のご要望はきちんと承りましょう。
　1 こだわり　　　　2 よみがえり　　　3 おもんばかり　　4 うけたまわり

6 私が通っていた小学校は移転し、建物は跡形もない。
　1 あとかたち　　　2 あとかた　　　　3 せきかた　　　　4 せきけい

問題2　（　　　）に入れるのに最もよいものを、1・2・3・4から一つ選びなさい。

7 　A国の移民受け入れ策の（　　　）には、労働力不足がある。

1　背景　　　　　　2　生誕　　　　　　3　後援　　　　　4　支柱

8 　他の民族に対する（　　　）は、人種差別のもとである。

1　奇異　　　　　　2　異同　　　　　　3　偏向　　　　　4　偏見

9 　スマートフォンの機能を（　　　）と常々思っているが、どうも私には不可能のようだ。

1　使いまわしたい　　　　　　　　2　使いこなしたい

3　取りあわせたい　　　　　　　　4　取りしきりたい

10 　社長は社員全員の努力を（　　　）と共に、感謝の意を表した。

1　きわめる　　　2　ごまかす　　　3　ねぎらう　　　4　からかう

11 　都会を離れ（　　　）線の電車に乗って旅をするのは楽しい。

1　ローカル　　　2　カントリー　　3　タウン　　　　4　ビレッジ

12 　陸上の選手権大会で、オリンピック出場経験のある選手は他の選手を（　　　）していた。

1　制約　　　　　2　制御　　　　　3　圧縮　　　　　4　圧倒

13 　汚職事件は首相の（　　　）にかかわる問題にまで発展した。

1　正誤　　　　　2　進退　　　　　3　盛衰　　　　　4　清濁

問題3 _____ の言葉に意味が最も近いものを、1・2・3・4から一つ選びなさい。

14 いきなり指名され、とっさの考えで、新企画を提案した。

1 瞬間的な 2 よく練った 3 以前からの 4 非常に新しい

15 小学校の時、運動会の日はいつも憂鬱(ゆううつ)だった。

1 元気だった 2 楽しみだった

3 さびしかった 4 暗い気持ちだった

16 私は、会社の将来について懸念がある。

1 安心している 2 心配している

3 よく考えている 4 何もわからない

17 案の定、テストの点はひどかった。

1 いつものように 2 意外なことに

3 思ったとおり 4 思った以上に

18 1年前に東京に来て、今はまともな生活を送っている。

1 きちんとした 2 めちゃくちゃな

3 お金のない 4 楽しい

19 この結論は、くつがえせない。

1 説明できない 2 同意できない 3 忘れられない 4 変えられない

問題4　次の言葉の使い方として最もよいものを、1・2・3・4から一つ選びなさい。

20　なおさら

1　スピーチ大会で優勝して本当にうれしい。去年準優勝で悔しかったからなおさらだ。

2　プレゼンテーションの本番は明日だから、やり直せと言われてもなおさらだ。

3　借りたものを壊してしまってなおさら謝ったけれど、許してもらえなかった。

4　履歴書を書いたら、提出する前になおさら誰かに見てもらったほうがいい。

21　覚悟

1　野生動物の生態を覚悟しているから、自然を守ろうと考えている。

2　新事業を始めたとき、社長は、万一失敗したら辞職しようと覚悟していた。

3　戦後この国を復興させたのは、政治家というより一般市民だと覚悟するべきだ。

4　目の不自由な人は感覚が鋭く、人の気配で自分との距離を覚悟するという。

22　思い込む

1　ルネッサンス絵画の写真を見てからずっと、イタリアへ行きたいと思い込んでいた。

2　経営者は、会社の経営状況を十分に思い込んだ書類を作って、株主に提示した。

3　子どものとき、父があまりにも厳しかったので、憎まれていると思い込んでいた。

4　演奏が単調にならないように、もっと思い込んで楽器を弾いたほうがいい。

23　ずれ

1　他の人と彼の能力のずれははっきりしていて、彼が常にクラスでトップだった。

2　社長の方針と社員の意識とのずれは、決して小さいとは言えなかった。

3　宝くじを買ってもずればかりだから、もう買うのをやめようと思っている。

4　印刷と手書きの漢字にはずれがあるから、気をつけたほうがいい。

24　けなす

1　若者の政治への無関心はけなされるべきだという人もいるが、私はそうは思わない。

2　これ以上連絡なく遅刻すると給料をけなすと言われて、あわてた。

3　地球の環境が年々けなされていくのは、大変残念なことだ。

4　初めて世に発表した小説を評論家にけなされて、ショックを受けた。

25 若干

1 会場に問い合わせたところ、席にはまだ若干の余裕があるとのことだ。

2 新入社員はまだ業務の経験が若干だから、重要な仕事は任せられない。

3 姉は30歳だが、とても若干で、20歳ぐらいに見えるとよく言われる。

4 大学時代は若干だったから、遊んでばかりいて勉強しなかった。

問題5　次の文の（　　　）に入れるのに最もよいものを、1・2・3・4から一つ選びなさい。

26　（サッカーの試合で）

もう少しで（　　　）のに、最後の最後で逆転されてしまうなんて本当に悔しい。

1　勝ちつつあった　　　　　　　　　2　勝てるところだった

3　勝とうとした　　　　　　　　　　4　勝つことになっていた

27　私は小さいころ父の仕事の関係でしょっちゅう引っ越しをしていた。だから、その土地に（　　　）、またすぐ新しい場所での生活が始まった。

1　慣れてもいなくて　　　　　　　　2　慣れたかのうちに

3　慣れているうちに　　　　　　　　4　慣れたかと思うと

28　昔から続いてきた店を自分の代でつぶしてしまうなんて本当に情けないが、借金が残らなかった（　　　）よかったと思うことにした。

1　ほど　　　　　　2　だけ　　　　　3　くらい　　　　　4　まで

29　正夫「明日の集まり、何時からだっけ。」

洋子「3時からよ。昨日、私、（　　　）。ちゃんと聞いててよ。」

1　言わなかったんでしょう　　　　　2　言ったんでしょう

3　言わなかったでしょう　　　　　　4　言ったでしょう

30　病気の後、なかなか体調が良くならない。でも、今みたいに忙しい時にいつまでも（　　　）ので、明日からは出勤するつもりだ。

1　休んではいられない　　　　　　　2　休もうとしない

3　休まざるをえない　　　　　　　　4　休むまいとしている

31　母親「新しいパソコンの使い方、何だかよくわからなくなっちゃった。」

息子「あんなに説明したのに……。わかったって言ったじゃない。」

母親「さっきは（　　　）、またわからなくなっちゃったのよ。」

1　わかっていながらも　　　　　　　2　わかったつもりだったんだけど

3　わかるべきだったのに　　　　　　4　わかったはずだったものの

32 佐藤「このドア、開かないんですけど。」

鈴木「あ、そのドアは（　　　）押すと開きますよ。」

佐藤「こうですか。あ、開きました。」

1　持ち上げようと　　　　　　　　2　持ち上げそうにして

3　持ち上げるらしく　　　　　　　4　持ち上げるようにして

33 （手紙で）

お父様が入院なさったそうですね。さぞご心配のことと（　　　）。どうぞお疲れがでません

ように。

1　存じられます　　2　存じています　　3　存じ上げます　　4　存じます

34 外国語を勉強するときに、単語や文法をまず覚えるというのが今までの通常のやり方だった。

しかし、それだけで（　　　）。実際に使わなければ言葉の学習としては意味がないのだ。

1　いいというものではない　　　　2　いいといってもかまわない

3　いいとしかいいようがない　　　4　いいということでしかない

35 （会社で）

「本日（　　　）退職することになりました。皆さん、長い間、ありがとうございました。」

1　におきまして　　2　によりまして　　3　をもちまして　　4　につきまして

問題6　次の文の　★　に入る最もよいものを、1・2・3・4から一つ選びなさい。

（問題例）

　　あそこで ＿＿＿＿ ＿＿＿＿ ＿★＿＿ ＿＿＿＿ は佐藤さんです。

　　1　本　　　　　　2　読んでいる　　3　を　　　　　　　4　人

（解答のしかた）

1．正しい文はこうです。

　　あそこで ＿＿＿＿＿＿ ＿＿＿＿＿＿ ＿＿★＿＿＿ ＿＿＿＿＿＿ は佐藤さんです。

　　　　　　1　本　　　　3　を　　2　読んでいる　　4　人

2．　★　に入る番号を解答用紙にマークします。

　　　　　　（解答用紙）　（例）　① ● ③ ④

36　司法試験はとても難しいのだから、会社の帰りにちょっと ＿＿＿＿ ＿＿＿＿ ＿★＿＿ ＿＿＿＿

のはとても無理だろう。

　　1　では　　　　　　2　ぐらい　　　　3　合格する　　　4　勉強する

37　就職活動を始めた時にはもう ＿＿＿＿ ＿＿＿＿ ＿＿＿＿ ＿★＿＿ 状況にならないように、早

めに行動を開始しましょう。

　　1　募集している会社は　　　　　　　2　という

　　3　ような　　　　　　　　　　　　　4　ほとんどない

38　基本的な ＿＿＿＿ ＿★＿＿ ＿＿＿＿ ＿＿＿＿ 教育には無理があるようだ。

　　1　育てようとする　　　　　　　　　2　子供たちの創造力を

　　3　なくして　　　　　　　　　　　　4　知識を与えること

39 みんなで折った千羽鶴（せんばづる）には、_____ _____ ★ _____ 込められている。

1 二度と起きない　　　　　　　2 このようないたましい事故が

3 多くの犠牲者を出した　　　　4 ようにとの願いが

40 成績の下がった生徒の親は、この責任は全て学校にある _____ _____ ★ _____

態度だった。

1 でも　　　　　2 のような　　　　3 と　　　　4 言うか

文法

問題7　次の文章を読んで、文章全体の趣旨を踏まえて、 41 から 45 の中に入
　　　る最もよいものを、1・2・3・4から一つ選びなさい。

以下は、テレビタレントが書いたエッセイである。

受けた影響　誰かに繋（つな）ぐ

　「ブラウン管」という言葉は、もう死語であろう。だが、あえて使わせていただく。
（注）
　子供の頃はブラウン管の前にわくわくしながら座って、好きなテレビ番組が始まるのを待っ
ていた。そして、ブラウン管の中で暴れて自分を 41 人々が私のヒーローだった。子供だっ
た私は馬鹿みたいに笑っていただけだが、その私とブラウン管の対話の時間はその後の私の人
生を方向づける貴重な時間 42 のだと思える。

　（中略）

　誰かに憧れて「あんなふうになりたい」と思ったり、ふと手にした本や、ふと聴いた音楽ふ
と見た建築物など何かに衝撃を受けて、「自分もこんな物を創ってみたい」と思ったりすること。
その気持ちを続行させて実現させていくかどうかはその人次第だが、それは人生をスタートさ
せる段階で誰にでも起こりうることだと思う。

　誰かに影響を 43 ことを、後に自分のフィルターを通して違う形にして出す。中にはフィ
ルターを通してもそっくりな形にして出してしまう人もいるが、「影響」はベルトコンベヤー
のように続いているのだ。そう考えると、私が影響を受けたヒーローたちにもヒーローがいて、
そのヒーローたちにもヒーローが 44 。影響のベルトコンベヤーは、工場のそれのようにまっ
すぐには進まない。フィルターを通すことによって違う方向にも進むが、 45 繋（つな）がっている
のだと思うと感慨深い。

　（中略）

　私がヒーローから受けた影響を他の誰かが受け止めて、また違う形にして誰かに渡してい
くのだろうか。そう願いたい。

（野沢直子　讀賣新聞2018年11月6日夕刊による）

（注）ブラウン管：電気信号を光の像に変換する電子管。テレビなどに利用された。

41

　1　笑ってあげる　　　　　　　2　笑わせてもらう

　3　笑ってくれる　　　　　　　4　笑わせてくれる

42

　1　でしかなかった　　　　　　2　だった

　3　ではなかった　　　　　　　4　とはいえない

43

　1　受けた　　　2　受けられた　　　3　与えた　　　4　与えなかった

44

　1　いないだろう　　2　いるだろうか　　3　いたはずだ　　4　いてもよかった

45

　1　それなら　　　2　それでも　　　3　それとも　　　4　それとは

問題8　次の(1)から(4)の文章を読んで、後の問いに対する答えとして最もよいものを、
　　　　1・2・3・4から一つ選びなさい。

(1)
　人はしばしば不可能なことを夢見ることがある。若者がとくにそうだ。「こうであったらいいな」と。でも、一歩踏み込んで考えれば、そのことが実現可能かどうか、おおよそのことはわかる。
　わかったらどうするか。その先に凡人と天才の違いが出る。
　天才は不可能なことはバッサリと斬り捨てる。いくらがんばっても到達できるはずもない夢みたいなことを追いかけているのは、それこそ夢物語ということだ。ぜひ若者たちにこの考え方を取り入れてほしいと思う。

（川北義則『人間関係のしきたり』PHP研究所による）

46　筆者の考えに合うのはどれか。
　1　若者には、天才と凡人とではできることに違いがあることを知ってほしい。
　2　若者には、実現不可能な夢は追いかけないという考えをもってほしい。
　3　若者は、不可能と思われることを可能にするための努力をするべきだ。
　4　若者は、実現が難しいと思っても、簡単に夢をあきらめるべきではない。

(2)

　以下は、あるバイオリン奏者のホームページに掲載されたお知らせである。

「ジョアン・ディアス　バイオリンリサイタル」公演中止のお知らせ

5月20日（日）に予定しておりましたバイオリン奏者ジョアン・ディアスによる公演に関しまして、お客様にお知らせとお詫びを申し上げます。

主演のジョアン・ディアス氏が、このたびの公演を前に体調不良のため来日が不可能となりました。主治医のアドバイスを尊重し、やむを得ず本公演を中止することとなりました。楽しみにお待ちくださった皆様方には、多大なるご迷惑をおかけいたしますこと、深くお詫び申し上げます。

なお、別の日程による代替の公演の予定はございませんのでご了承ください。

ご購入いただきましたチケットにつきましては払い戻しをさせていただきますが、会場窓口での払い戻しは行っておりませんのでご注意ください。

払い戻し方法はチケットご購入時のお支払方法によって異なります。詳細は以下をご参照ください。

◆払い戻し期間：5月16日（水）〜　5月27日（日）

　【パソコンから確認】https://etick/ …………

　【携帯電話から確認】https://etick-mob/ …………

◆お問い合わせ：リサイタル実施事務局　03－4981－51……

---

48 公演中止について、この文書は何を知らせているか。

1　チケットの払い戻しは行わず、別日程で公演を行うということ

2　チケットの払い戻しは会場の窓口で行われるということ

3　チケットの払い戻し方法の詳細を確認してほしいということ

4　チケットの払い戻しは公演予定日以降に開始されるということ

(3)

　そもそも「日本に行くかどうか」「日本の何を評価するのか」というのは、日本人ではなく外の人間、つまり外国人に決定権があります。日本の治安、マナーが良いというのは昔から言われていました。しかし、その評価がクチコミによって十分に広がる時間があったにもかかわらず、外国人観光客がそれほど訪れていないという結果を考えれば、これらは外国人が日本を訪れるうえで決定的な動機にはなっていないということを認めざるをえません。

（デービッド・アトキンソン『デービッド・アトキンソン　新・観光立国論—イギリス人アナリストが提言する21世紀の「所得倍増計画」』東洋経済新報社による）

（注）クチコミ：うわさなどによって、人から人に物事の評判が伝えられること

読解

48　筆者は、何を認めざるをえませんと言っているか。

1　クチコミの情報は、外国人観光客が日本を訪れる決定的な理由にならないということ

2　日本の治安やマナーの良さがクチコミで広がる十分な時間がなかったということ

3　日本の治安やマナーの良さは外国人観光客が訪れる決定的な理由ではないということ

4　日本の治安や日本人のマナーは、昔から言われているほど良くはないということ

(4)

耳学問という言い方は、耳で聴くだけでは本当に学問ができるわけがないという響きを含んでいる。辞書を引くと「自分で学んだのではなく、他人の話だけから得た知識。聞きかじりの知識」とある。耳などまるで相手にされていない。

しかし、家庭のこどもの育成は、耳から入る〝耳のことば〟からはじまり、耳のことばに徹するのが本来のあり方である。それで、過去、何百年もやってきたのである。

教育の普及によって、文字の学習、すなわち「読み書き」のほうが「聴く話す」より大切であるとされるようになって、耳の出番はなくなった。歪んだ教育であるが、高学歴をもった人たちが受けたために、それが正統であるような錯覚が生まれた。

（外山滋比古『知的な聴き方』大和書房による）

---

49 それは何を指しているか。

1　文字による教育

2　耳から学ぶ教育

3　家庭のこどもの教育

4　何百年も続けてきた教育

問題9　次の⑴から⑶の文章を読んで、後の問いに対する答えとして最もよいものを、
　　　　1・2・3・4から一つ選びなさい。

⑴

　対話の時間は、思いのほか短く感じる。1時間くらいはあっという間に過ぎる。だから、とくに
はじめて参加した人は、もっと続けたかったと言う。

　しかし、哲学対話を主催する人の多くは、思う存分やればいいとは考えない。長すぎず、決めた
時間より延長せず、物足りないくらいがちょうどいい。だから終わるとモヤモヤする。いろんな立場、
考え方に出会ったせいで、自分の考えが揺らぎ、頭が混乱するのだ。

　対話そのものは、目の前が開けるようなことがなくても、奥深さがなくてもいい。イマイチなら
イマイチで、欲求不満が残るなら、それも悪くはない。おかげで消化不良、疑問がいっぱい残る。
それが考える力、考えたいという気持ちをくれる。モヤモヤはその証だ。それを哲学対話では「お
みやげ」と呼ぶ。問いをもち帰り、後で楽しむ。
　①

　だから、重要なのはむしろ、対話が終わった後である。本当の対話は、そこから始まる。家に帰っ
　　　　　　　　　　　　　　　　　　　　　　　　　②
て家族と、次の日に友だちと話をする。そして一人になった時、自分自身と対話する。それはその
日の夜かもしれないし、数ヵ月たって、ふとした拍子に思い出した時かもしれない。

　その時は、一人であって一人ではない。すでに対話を通して、自問自答する相手が豊かになって
いる。いわば自分の中の他者が増えている。いろんな考え方ができるようになって、普段の考える
　　　　③
力＝問う力も増している。

（梶谷真司『考えるとはどういうことか──0歳から100歳までの哲学入門』幻冬舎による）

（注）イマイチ：今一つ。期待しているものに少しだけ足りない。

50　①「おみやげ」とは何か。

　1　主催者が参加者に思う存分させる対話

　2　いろいろな立場や考え方に出会った喜び

　3　目の前が開けるような奥深い対話

　4　対話後に残るもっと考えたいという気持ち

51 ②本当の対話は、そこから始まるとはどういうことか。

1　対話が終わってから、話し足りなかったことの続きを話す。

2　家に帰ってから、家族や友人にその日あったことを伝える。

3　後になってから、自問自答したり友人と話し合ったりする。

4　一人になってから、対話で話したことを思い出す。

52 ③自分の中の他者が増えているとはどういうことか。

1　自分の考えの中に多くの人の考え方が入り込み、多様になっている。

2　対話の後でたくさんの人と話した記憶が、頭の中に残っている。

3　多くの人と話すことによって、対話の話題が豊かになっている。

4　対話によって知り合いが増え、話をする相手が多様になっている。

(2)

　同じバレエダンサーでも、自分自身が習得した動きとそうでない動きで脳の活動のしかたが違う
こともわかった。古典バレエは男性、女性で動きもポーズも大きく違う。練習も演技も男女いっしょ
に行われるので、彼らはパートナーの動きは熟知している。それにもかかわらず、自分が身体で習
得した動きと自分は行わないパートナーの動きを見ているときで、<u>脳の活動のしかた</u>が異なってい
　　　　　　　　　　　　　　　　　　　　　　　　　　　　　　①
たのである。

　つまり、自分が実際に身体を動かして習得しなければ、何千回、何万回観察していても、熟達者
と同じような脳の働き方はするようにならないということだ。人は他者を観察して、他者から多く
を学ぶ。しかし、その時、他者の行為を分析し、解釈し、心の中でその動きをなぞり、それを実際
に自分の身体を使って繰り返すことが、人を模倣して学ぶときには、なくてはならないことなので
ある。

　<u>これ</u>は運動に限らない。言語の習得も同じだ。子どもは大人が母語を使う（つまり話をする）こ
　②
とを模倣して母語を学ぶ。しかし、それは決して「猿真似」ではなく、親が使う言語を聞いた時に、
　　　　　　　　　　　　　　　　　　　　　（注）
インプットに対して分析、解釈を行い、自分で言語のしくみを発見することによって言語を自分で
創り直すことに他ならない。結局のところ、模倣から始めてそれを自分で解釈し、自分で使うこと
によって自分の身体に落とし込むということは言語や運動に限らず、すべてのことの学習・熟達過
程について<u>必要なこと</u>なのである。
　　　　　　③

（今井むつみ『学びとは何か―〈探究人〉になるために』岩波書店による）

（注）猿真似：よく考えずに、うわべだけをまねすること。

|53| どんな場合に①<u>脳の活動のしかた</u>が異なると言っているか。

　1　古典バレエで男性の動きをしているときと女性の動きをしているとき

　2　バレエの練習をしているときと舞台上で演技をしているとき

　3　自分が習得した動きを見ているときとパートナーの動きを見ているとき

　4　十分に観察した動きを見ているときと見慣れない動きを見ているとき

54 ②これは何を指すか。

1 何千回、何万回の観察で熟達するということ

2 他者を観察することで多くを学ぶということ

3 他者の行為を分析することで習得できるということ

4 習得には自分の身体を繰り返し使う必要があるということ

55 ③必要なこととは何か。

1 繰り返し模倣すること

2 自分でやって身につけること

3 新たなしくみを発見すること

4 多くのインプットを行うこと

【ベスト模試 N1 第 2 回】

(3)

　弱者とは何だろうか。

　一般には自力で生活できない人たちを指すことが多いようだ。それなら弱者でない人はおそらく
<u>一人もいない</u>だろう。われわれは自給自足しているわけではない。誰かが生産してくれたモノやサー
①
ビスを買うことによって生活できている。

　このとき購入するモノやサービスの中身について問うことはほとんど意味がない。目の見えない
人は盲導犬や介助者の手を借りるし、高齢者はヘルパーに生活介助をしてもらう。しかし、このこ
とは視力の弱い人が眼鏡をかけることや、大相撲の関取が付け人に身の回りの世話を一切してもら
　　　　　　　　　　　　　　　　　　　　　　　　　　　　　　　　（注1）
うことと<u>本質的に同じこと</u>なのである。
　　　　②

　したがって一般的に弱者というときには、どの部分で他人に頼っているかではなく、それを自分
の稼いだお金で賄っているかどうかでみているのである。

　スポーツや将棋などの勝負の世界に弱者はいるだろうか。

　勝負の世界に敗者はつきものである。しかし、同じ選手が負けてばかりの勝負事は見る側にとっ
て面白くない。そこで、前もって選手やチームを能力別にグループ分けし、実力が伯仲するように
　　　　　　　　　　　　　　　　　　　　　　　　　　　　　　　（注2）
工夫している。（中略）しかも、プロには資格要件があるため、一定レベルの実力をもたない素人は
受け入れない。こうして弱者ははじめから除外されているのである。

　一般社会の場合はそうはいかない。誰でも生きていく以上は生活の糧を得なければならない。仕
事に向いている人だけが働けばいいというわけにはいかないのだ。そうなると仕事にうまく適応で
きず、ビジネス界で負け続ける人たちが出てくる。なぜ負け続けるのかというと、お金を稼ぐ能力
にかけているからである。

（中島隆信『これも経済学だ！』筑摩書房による）

（注1）関取：相撲を職業とする人の中で、一定以上の階級の人

（注2）伯仲する：力が接近していて、優劣つけがたい

56　なぜ①一人もいないと考えるのか。

　1　誰もが何らかの形で介助者の手を借りているから

　2　自給自足している人ばかりではなく何も生産していない人が多いから

　3　モノやサービスを買わずに生活できる人はいないから

　4　身の回りの世話をしてもらわずに生活できる人はいないから

57 ②本質的に同じとはどういうことか。

1　自分の力以外のものに頼るという意味では同じ。

2　身体的な介助を受けているという意味では同じ。

3　経済的な援助を受けているという意味では同じ。

4　一般的に弱者と呼ばれているという意味では同じ。

58 この文章では、どのような人を一般社会における「弱者」と言っているか。

1　能力別にグループ分けした中でも敗者になる人

2　プロの資格要件を満たす実力を持たない人

3　自分の生活を自分の収入で賄えない人

4　モノやサービスを買わなければ生きていけない人

問題10　次の文章を読んで、後の問いに対する答えとして最もよいものを、1・2・3・
4から一つ選びなさい。

　子どもや若者は本来、素直に希望を語りやすいものです。それが大人になるにつれて、実現可能性についての情報を持つようになります。すると、「希望なんてどうせかなわない」というあきらめも生じやすくなります。また情報が少ない時代には持つことができた無邪気な希望も、高度情報化社会になると、そうもいきません。情報が多いと選択肢が増えて有利になる人もいます。しかし、自分に特別な才能がないと思う人には、希望なんてどうせかなわないと、思い知らされることのほうが、むしろ増えるのです。

　情報化が進んだ社会の若者は、かつての若者以上に、希望の実現が困難であることを直観的に知っているように思います。その意味では、昔の子どもよりも、今の子どものほうが、夢や希望を持ちにくくなっているといえるかもしれません。

　子どもの頃の希望にかぎらず、希望の多くは失望に終わります。希望は文字通り、希にしかかなわない望みです。失望や挫折を避けたいならば、希望なんて持たないほうがいいという人もいるでしょう。「希望がない」という人のなかには、希望がかなわないことのショックを避けるために、あえて希望から距離を置こうとしていることもあるようです。

　しかし、どうせ失望に変わることが多い以上、希望など持たないほうがよいのでしょうか。私はそうは思いません。むしろ希望は、失望に変わったとしても、探し続けることにこそ、本当の意味があるのです。そんな考えを支持してくれる結果があります。

　日本人のいだく希望の多くは、仕事にかかわっています。日本社会に生きるたくさんの人たちが、やりがいのある仕事に出会うことを望んでいます。実はこの仕事のやりがいと、子どもの頃からの職業希望には、一定の関係があるのです。

　先の中学三年生の頃の職業希望について、その後の変遷状況をたずねてみました。すると何らかの職業希望を持っていた人のうち、「その後も同じ仕事を希望し続けた」割合は、42.5％にのぼりました。反対に「希望する仕事はその後特になくなった」は21.0％です。残りは「（当初）希望する仕事はあったが、その後なくなり、別の仕事に希望は変わった」でした。

　それとは別に、これまでやりがいのある仕事を経験したことがあるかをたずねてみました。すると、職業希望が中学三年生のときになかった人よりはあった人のほうが、平均すると、大人になってからのやりがいの経験割合は高くなっていました。さらに職業希望のあった人のなかで、もっともやりがい経験割合が高かったのは、当初の希望が別の希望へと変わっていった人たちだったのです。

（玄田有史『希望のつくり方』岩波書店による）

59 ①そうもいきませんとあるが、それはなぜか。

1　夢や希望が無邪気なものであったことに気がつくから

2　実現の可能性があるかどうかを考えるようになるから

3　特別な才能を持たない人に対する情報が不足しているから

4　職業選択の選択肢が増えて有利になる人は少数だから

60　今の子どものほうが、②夢や希望を持ちにくくなっているのはなぜか。

1　希望が実現しない失望を、希望を持たないことで避けようとする子どもが増えたから

2　希望の実現には特別な才能が必要だと思う子どもが増えたから

3　希望の実現の可能性が低いことを直観的に知っている子どもが増えたから

4　希望が実現しないことのショックの大きさを知っている子どもが増えたから

61　③一定の関係にあたるのはどれか。

1　中学時代に希望していた職業をその後も希望し続けていた人が、仕事でやりがいを経験した
　という割合が最も高い。

2　中学時代に希望していた職業とは変わったが、別の希望を持っていた人が、仕事でやりがい
　を経験したという割合が最も高い。

3　中学時代には希望する職業があったが、その後特になくなった人が、仕事でやりがいを経験
　したという割合が最も高い。

4　中学時代には希望する職業が特になかった人で、その後の仕事でやりがいを経験したという
　割合が最も高い。

62　本文の内容と合っているのはどれか。

1　希望は実現するかどうかが問題なのではなく、持つことそのものが大切である。

2　希望が失望に変わる経験をしなければ、仕事にやりがいを感じることはできない。

3　子どもの頃の希望はその後の仕事のやりがいと関係があるので、慎重であるべきだ。

4　失望や挫折を避けるために、希望を持たないという選択があってもいい。

読解

問題11　次のＡとＢの文章を読んで、後の問いに対する答えとして最もよいものを1・2・3・4から一つ選びなさい。

A

　　アクティブ・ラーニングについての定義をまとめると、「認知的、倫理的、社会的能力、教養、知識、経験を含めた汎用的能力が育成されるような能動的な学習」ということです。グループ・ワークやディスカッションなど、実際にアクティブ・ラーニングの手法を実践した教師から多くの事例が報告されています。

　　「生徒が授業に積極的に参加するようになった」「生徒のコミュニケーション能力が高まった」「生徒が学ぶ楽しさを理解するようになった」など、いいことずくめのように見えます。

　　しかし、注意が必要。アクティブ・ラーニングはひとつの手法にすぎず、決して万能なわけではありません。大事なのは、生徒と教師がその活動のねらいをしっかり共有することです。うまくいかない場合の多くは、生徒が指示を理解していないか、その活動を行う意義を感じ取れないかのどちらかです。

B

　　アクティブ・ラーニングは、必ずしも、正解に辿り着くことを目標としていないことは知っています。正解に辿り着く方法を身につけさせるのが主眼なのでしょう。たまには結論が間違っても構わない。また、他者と討論したり、グループで議論したりすることで、自然と社会性も身についていく。それも狙いなのかもしれません。（中略）

　　ですが、正解に辿り着く、あるいは正解に辿り着く手法を身につけさせるためにアクティブ・ラーニングを教育に取り入れるのであれば、少なくとも議論をした後で、事典やなんらかの手段、せめてウィキペディア（注）などで調べて、何が正しかったのか、確認できなければしょうがない。（中略）意味のあるアクティブ・ラーニングを実施できる中学校は、少なくとも公立には存在しません。高校でも、ごく限られた進学校だけです。

（新井紀子『AI vs. 教科書が読めない子どもたち』東洋経済新報社による）

（注）ウィキペディア：Wikipedia　インターネット上で利用できる百科事典

63 アクティブ・ラーニングについて、AとBが共通して触れている点は何か。

1　定義

2　手法

3　成功例

4　評価のしかた

64 アクティブ・ラーニングについて、AとBの筆者はどのようにとらえているか。

1　AもBも、成功事例の多い望ましい学習法であると肯定的にとらえている。

2　AもBも、効果的な活動がしにくい学習法であると否定的にとらえている。

3　Aは生徒が意義を感じ取りにくい学習法であると否定的にとらえ、Bはねらい通りに活動できれば学習効果が高いと肯定的にとらえている。

4　Aは注意すべき点はあるものの概ね肯定的にとらえ、Bは現状では意味のある活動にするのが困難であると否定的にとらえている。

読解

問題12 次の文章を読んで、後の問いに対する答えとして最もよいものを1・2・3・4から一つ選びなさい。

　なぜ現代人は和解を避けるのか。その理由は、彼らの発した言葉のなかにあるように思う。「無駄なエネルギーを使いたくないから」

　そうなのである。対立する相手と和解をするには、たいへんなエネルギーがいる。これは相手と関係を修復しようとするときに消耗するエネルギーばかりではない。

　誰かと和解したい、仲直りをしたいと思うとき、相手の気持ちを理解するのも大切であるが、自分の気持ちを理解することも同じくらい重要である。

　なぜ自分は相手に対して腹を立てているのだろう。自尊心を傷つけられたからなのか、それとも自分より能力のある相手に対する嫉妬が反発心を起こさせているのかと、その葛藤を見つめ、自分の感情と向かい合う。その作業にもエネルギーがいる。誰でも、自分のなかにある葛藤、怒りや嫉妬など不愉快でネガティブな気持ちをみるのは怖い。みてしまえば不安でこころが動揺する。だから、できれば避けて通りたい。

　「和解なんて面倒だ。かったるい」と言う人には、無意識のうちに、そんな心理が働いている。つまり、自分と向き合うことを避けているのである。「自分と付き合うのが面倒くさい」と言っているのと同じことだ。

　前述した女子学生やサラリーマンにも、こうした自分からの〈逃避〉を私は感じる。女子学生は「ムカついたら面倒だから、（その相手とは）もう付き合わない」と言うが、本当は友人と対峙して拒絶されるのを恐れているのではないか。

　また、サラリーマンの彼も、「疲れるから妻との意見の衝突はできるだけ避けている」と言うが、本当に妻も夫との対話を望んでいないのだろうか。私はカウンセリングの場や家庭裁判所で、離婚問題でもめるさまざまな夫婦をみてきたが、「十数年、夫に無視され続けてきた」と訴え、それを離婚の理由にあげる妻は少なくなかったように思う。

　確かに自分と向き合うのは、やっかいな作業だ。自分というものがなければ、面倒な葛藤も起きないだろう。しかし、普通に生活している人間であるならば、人の好き嫌いや苦手意識をもたずにはいられない。若い人の言葉を借りれば、誰かに「ムカつく」ことは、人間として当然の反応なのである。そうした葛藤をないふり、みないふりをしていれば、相手の感情にも鈍感になり、やがて自分が何をどう感じているのか、自分の感情さえわからなくなってくる。

　さらにいえば、あなたが無意識のうちにねじ伏せ、こころの奥底に追いやった怒りの感情や葛藤は、決して消えてなくなりはしないのである。積もり積もったストレスが何かのきっかけで思わぬ爆発の仕方をするかもしれない。あるいは心身症やうつ病などの原因となることもあるだろう。自分のなかの葛藤を見てみぬふりをするのは、いつ爆発するかもしれない爆弾を抱えているようなものなのだ。

ストレスフルな現代人の大半が、私には自分と向き合うことを忘れた人々のような気がしてならない。

（井上孝代『あの人と和解する』集英社による）

---

65 筆者はなぜ①現代人は和解を避けるといっているか。

1　和解するには自分が反発心を抱いている相手とも向き合わなければならないから

2　和解するには自尊心を傷つけた相手も許さなければならないから

3　和解するには相手との関係修復のために大きなエネルギーを使わなければならないから

4　和解するには相手だけでなく自分の気持ちを理解するためにもエネルギーを使わなければならないから

66　②そんな心理とはどんな心理か。

1　相手の気持ちを理解しようとする心理

2　自分の中のネガティブな感情と向き合おうとする心理

3　自分より能力の高い相手を嫉妬する心理

4　自分の感情と向き合いたくないという心理

67　③やっかいな作業とあるが、なぜやっかいなのか。

1　心の奥底に隠した自分の感情を自ら掘り起こす作業だから

2　蓄積されたストレスが爆発する可能性のある作業だから

3　人間として当然持つ感情を抑えなければならない作業だから

4　自分の中の葛藤を見て見ぬふりをしなければならない作業だから

68　この文章で筆者が最も言いたいことは何か。

1　ストレスの多い現代社会において、相手と和解するには莫大なエネルギーが必要であるということ

2　現代人は自分の中での葛藤から逃避する傾向があり、それが心身症やうつ病などの原因になっているということ

3　対立する相手との葛藤だけでなく自分の中での葛藤から逃避していては、真の和解はあり得ないということ

4　自分の中での葛藤に見ないふりをしていると相手の感情にも鈍感になり、やがてそれがストレスとなるのだということ

問題13　右のページは、城東市の図書館の利用案内である。下の問いに対する答えと
　　　　して最もよいものを、1・2・3・4から一つ選びなさい。

69　城東市在住の大学生マリオさんが、同じ寮に住んでいる大学の後輩に城東市図書館の利用の仕
　　方を教えている。正しいのはどれか。
　　1　「貸出の延長の手続きは電話でもできるから、すごく便利だよ。」
　　2　「本と雑誌とDVDを合わせて10点まで借りることができるよ。」
　　3　「著作権の範囲内だったら、コピーはただでできるよ。」
　　4　「返却期限日から1か月以内に延長手続きをしないと、次に借りられなくなるよ。」

70　池上市在住の大学生キョウさんが城東市図書館を利用するにあたって、正しいのはどれか。キョ
　　ウさんが通う大学は大川市にある。
　　1　城東市在住の友人に、代理で利用者登録をしてもらうことができる。
　　2　池上市図書館で登録した利用者カードを使って本を借りることができる。
　　3　城東市役所内に設置されたブック・ポストに返却することができる。
　　4　城東市図書館にない本や雑誌をリクエストすることができる。

■ 城東市図書館　利用案内

利用者登録（利用者カードを作る）

・利用者登録をすると、貸出・予約などのサービスが受けられます。

◆カードを作れる方（必ずご本人がお越しください）

・**城東市在住・在勤・在学の方**、または近隣の**大川市、池上市に在住の方**

◆必要なもの

・中学生以上の方は、住所・氏名・生年月日が確認できるもの（運転免許証・健康保険証・学生証など）をお持ちください。

・在勤・在学の方はその確認ができるもの（在職証明書・社員証・学生証など）が必要です。

借りる

資料の種類	貸出点数	貸出期間
本・雑誌	10点まで	2週間
視聴覚資料	3点まで	2週間
電子書籍	2点まで	2週間

（電子書籍貸出サービスは、インターネット上でのみご利用いただけます。）

◆延長したい

・1回のみ、返却期限内で、次に予約が入っていない場合に限り、手続きをした日から2週間延長できます。

・電話、窓口で手続きする場合は、利用者カードをご用意ください。

返す

・**図書館の窓口**か**ブック・ポスト**で返せます。ブック・ポストは、城東市役所本庁舎1階ロビー、城東駅西口事務所に設置しています。

・返却期限日から1か月を過ぎても資料の返却がない場合は、新たな貸出や予約ができなくなります。

図書館サービス　いろいろ

・城東市図書館に所蔵がない本や雑誌の**リクエスト**は、城東市に在住・在勤・在学の方のみご利用いただけます。

・城東市民の方は、大川市、池上市の図書館を利用することができます。（各市の図書館で利用者登録が必要です）

・著作権の範囲内で**コピー**することができます。（有料）

・目の不自由な方へ**点字図書・録音図書**を貸し出ししています。

・耳の不自由な方向けに、**手話・字幕付き利用案内DVD**や、**筆談器**等を用意しています。

読解

N1

【ベスト模試　第2回】

聴解

（60分）

注　意
Notes

1. 試験が始まるまで、この問題用紙を開けないでください。
   Do not open this question booklet until the test begins.

2. この問題用紙を持って帰ることはできません。
   Do not take this question booklet with you after the test.

3. 受験番号と名前を下の欄に、受験票と同じように書いて
   ください。
   Write your examinee registration number and name clearly in each box below as
   written on your test voucher.

4. この問題用紙は、全部で13ページあります。
   This question booklet has 13 pages.

5. この問題用紙にメモをとってもかまいません。
   You may make notes in this question booklet.

受験番号　Examinee Registration Number	

名 前　Name	

問題 1 では、まず質問を聞いてください。それから話を聞いて、問題用紙の 1 から
4 の中から、最もよいものを一つ選んでください。

れい
例

1　プロジェクトの目標

2　よさんの計画

3　しじょうのぶんせき

4　スケジュール

1番

1　出てくる漢字を全部覚える。

2　患者さんに日本語を教えてもらう。

3　実際に使う言葉だけ覚える。

4　看護の専門用語を日本語で覚える。

2番

1　成績証明書を申し込む。

2　教授にメールする。

3　研究計画書を完成させる。

4　大学に電話をする。

3番

1　打ち合わせの日にちを決める。

2　企画書を完成させる。

3　新人研修の日を講師と相談する。

4　新人研修の日をがいとうしゃに知らせる。

4番

1　郵便局に行く。

2　書類の整理を終わらせる。

3　会場費をふりこむ。

4　お弁当を買う。

5番

1 引っこし業者に電話をする。

2 だんボール箱の数を決める。

3 だんボール箱に荷物を入れる。

4 いらないものを捨てる。

6番

1 部長にイベントの説明をする。

2 佐藤さんに電話をする。

3 見積もりのコピーをする。

4 ポスターの打ち合わせをする。

問題 2

問題2では、まず質問を聞いてください。そのあと、問題用紙のせんたくしを読んでください。読む時間があります。それから話を聞いて、問題用紙の1から4の中から、最もよいものを一つ選んでください。

例

1　研究した内容がおもしろかったから
2　絵を使った発表の仕方がよかったから
3　友達の発表に対してよく質問したから
4　静かに友達の発表を聞いていたから

1番

1 高齢者が働ける場所を提供すること

2 野菜をレストランに売って収入を得ること

3 値段の安定した野菜を村に供給すること

4 あいている土地の有効活用をすること

2番

1 今までの技術を絶やさず生かしていること

2 親会社の影響を受けない独立した会社を作ったこと

3 普通のものではなく自分の満足のいく製品を作ったこと

4 世界で有名な人が自分の製品を使っていること

3番

1 来週の予定を今週にしてほしいと言ったから

2 納品が予定より一週間程度遅れると伝えたから

3 話し合いをしようともせず、そくざに断ったから

4 ダメなものをダメと、はっきり言わなかったから

4番

1 建築会社が信用できるかどうかわからないから

2 子どもが多くなって、そうおん問題が起きるから

3 人口が多すぎるための問題が出てくるから

4 老人のためのしせつが建てられなくなるから

5番

1 ボランティアをしている人が生き生きしているから

2 子どもたちの嬉しそうなようすが忘れられないから

3 自分の将来のために役に立つから

4 何もほうしゅうを求めないという考え方に感動したから

6番

1 子どもにはヘルメットをかぶせること

2 子どもは必ず子ども用シートに乗せること

3 スピードを出さないようにすること

4 自転車のせんようレーンを走ること

7番

1　相手に自分の気持ちを伝えること

2　人を苦手だと思わないようにすること

3　話を聞きながら上手に反応すること

4　自分から相手に働きかけること

問題 3

問題3では、問題用紙に何も印刷されていません。この問題は、全体としてどんな内容かを聞く問題です。話の前に質問はありません。まず話を聞いてください。それから、質問とせんたくしを聞いて、1から4の中から、最もよいものを一つ選んでください。

ーメモー

問題4では、問題用紙に何も印刷されていません。まず文を聞いてください。それから、それに対する返事を聞いて、1から3の中から、最もよいものを一つ選んでください。

ーメモー

聴解

問題 5

　問題5では、長めの話を聞きます。この問題に練習はありません。問題用紙にメモをとってもかまいません。

1番、2番

　問題用紙に何も印刷されていません。まず話を聞いてください。それから、質問とせんたくしを聞いて、1から4の中から、最もよいものを一つ選んでください。

ーメモー

3番

まず話を聞いてください。それから、二つの質問を聞いて、それぞれ問題用紙の1から4の中から、最もよいものを一つ選んでください。

質問1

1 1番

2 2番

3 3番

4 4番

質問2

1 1番

2 2番

3 3番

4 4番

解答用紙 　【ベスト模試　第2回 】

N1　言語知識（文字・語彙・文法）・読解

受験番号　Examinee Registration Number

名前　Name

問題 1

	1	2	3	4
1	①	②	③	④
2	①	②	③	④
3	①	②	③	④
4	①	②	③	④
5	①	②	③	④
6	①	②	③	④

問題 2

	1	2	3	4
7	①	②	③	④
8	①	②	③	④
9	①	②	③	④
10	①	②	③	④
11	①	②	③	④
12	①	②	③	④
13	①	②	③	④

問題 3

	1	2	3	4
14	①	②	③	④
15	①	②	③	④
16	①	②	③	④
17	①	②	③	④
18	①	②	③	④
19	①	②	③	④

問題 4

	1	2	3	4
20	①	②	③	④
21	①	②	③	④
22	①	②	③	④
23	①	②	③	④
24	①	②	③	④
25	①	②	③	④

問題 5

	1	2	3	4
26	①	②	③	④
27	①	②	③	④
28	①	②	③	④
29	①	②	③	④
30	①	②	③	④
31	①	②	③	④
32	①	②	③	④
33	①	②	③	④
34	①	②	③	④
35	①	②	③	④

問題 6

	1	2	3	4
36	①	②	③	④
37	①	②	③	④
38	①	②	③	④
39	①	②	③	④
40	①	②	③	④

問題 7

	1	2	3	4
41	①	②	③	④
42	①	②	③	④
43	①	②	③	④
44	①	②	③	④
45	①	②	③	④

問題 8

	1	2	3	4
46	①	②	③	④
47	①	②	③	④
48	①	②	③	④
49	①	②	③	④

問題 9

	1	2	3	4
50	①	②	③	④
51	①	②	③	④
52	①	②	③	④
53	①	②	③	④
54	①	②	③	④
55	①	②	③	④
56	①	②	③	④
57	①	②	③	④
58	①	②	③	④

問題 10

	1	2	3	4
59	①	②	③	④
60	①	②	③	④
61	①	②	③	④
62	①	②	③	④

問題 11

	1	2	3	4
63	①	②	③	④
64	①	②	③	④

問題 12

	1	2	3	4
65	①	②	③	④
66	①	②	③	④
67	①	②	③	④
68	①	②	③	④

問題 13

	1	2	3	4
69	①	②	③	④
70	①	②	③	④

解答用紙

N1 聴解

【 ベスト模試 第2回 】

受験番号
Examinee Registration
Number

名前
Name

〈ちゅうい Notes〉

1. くろいえんぴつ(HB、No.2)でかいてください。
   Use a black medium soft (HB or No.2) pencil.
   (ペンやボールペンではかかないでください。)
   (Do not use any kind of pen.)

2. かきなおすときは、けしゴムできれいにけして
   ください。
   Erase any unintended marks completely.

3. きたなくしたり、おったりしないでください。
   Do not soil or bend this sheet.

4. マークれい Marking Examples

よいれい Correct Example	わるいれい Incorrect Examples
●	◯ ⊘ ◯ ● ◯ ⊖

問題 1

例	①	●	③	④
1	①	②	③	④
2	①	②	③	④
3	①	②	③	④
4	①	②	③	④
5	①	②	③	④
6	①	②	③	④

問題 2

例	①	●	③	④
1	①	②	③	④
2	①	②	③	④
3	①	②	③	④
4	①	②	③	④
5	①	②	③	④
6	①	②	③	④
7	①	②	③	④

問題 3

例	①	●	③	④
1	①	②	③	④
2	①	②	③	④
3	①	②	③	④
4	①	②	③	④
5	①	②	③	④
6	①	②	③	④

問題 4

例	①	②	●
1	①	②	③
2	①	②	③
3	①	②	③
4	①	②	③
5	①	②	③
6	①	②	③
7	①	②	③
8	①	②	③
9	①	②	③
10	①	②	③
11	①	②	③
12	①	②	③
13	①	②	③
14	①	②	③

問題 5

1	①	②	③	④
2	①	②	③	④
3 (1)	①	②	③	④
3 (2)	①	②	③	④

N1

【ベスト模試　第3回】

言語知識（文字・語彙・文法）・読解

（110分）

注　意
Notes

1. 試験が始まるまで、この問題用紙を開けないでください。
   Do not open this question booklet until the test begins.

2. この問題用紙を持って帰ることはできません。
   Do not take this question booklet with you after the test.

3. 受験番号と名前を下の欄に、受験票と同じように書いてください。
   Write your examinee registration number and name clearly in each box below as written on your test voucher.

4. この問題用紙は、全部で29ページあります。
   This question booklet has 29 pages.

5. 問題には解答番号の 1 、 2 、 3 … が付いています。
   解答は、解答用紙にある同じ番号のところにマークしてください。
   One of the row numbers 1 , 2 , 3 … is given for each question. Mark your answer in the same row of the answer sheet.

受験番号　Examinee Registration Number	

名前　Name	

問題1 _____の言葉の読み方として最もよいものを、1・2・3・4から一つ選びなさい。

1 私は、人種差別的な態度を嫌悪する。
1 けんあく　　2 かんあく　　3 けんお　　4 かんお

2 準備を万全に整えて、本番を待つ。
1 ばんせん　　2 まんせん　　3 ばんぜん　　4 まんぜん

3 大事なことを後回しにしてはいけない。
1 ごまわし　　2 うしろまわし　　3 のちまわし　　4 あとまわし

4 よく練られた文章は、内容が難しくてもわかりやすい。
1 ねられた　　2 もられた　　3 たてられた　　4 くわだてられた

5 根性だけで何かを続けようとしても、うまくいかない。
1 ねせい　　2 ねしょう　　3 こんせい　　4 こんじょう

6 私が買ったバッグは色もデザインも良くて、とても見栄えがする。
1 みさかえ　　2 みばえ　　3 みごたえ　　4 みおぼえ

問題2　（　　　）に入れるのに最もよいものを、1・2・3・4から一つ選びなさい。

7　売り上げ増大には、きめ細かな市場調査が（　　　）である。
　　1　肝要_{かんよう}　　　　2　寛大_{かんだい}　　　　3　円滑_{えんかつ}　　　　4　如実_{にょじつ}

8　自分の（　　　）をすぐ認めて改める人は、他者からの信頼を得やすい。
　　1　劣り_{おと}　　　　2　陥り_{おちい}　　　　3　患い_{わずら}　　　　4　過ち_{あやま}

9　この茶碗は、ふちが（　　　）から、もう使えない。
　　1　もれている　　　2　かけている　　　3　こぼれている　　　4　あふれている

10　消費税増税の（　　　）について、もっと検討すべきだ。
　　1　縦横_{じゅうおう}　　　2　成否_{せいひ}　　　3　是非_{ぜひ}　　　4　緩急_{かんきゅう}

11　試合に負けて、家までの道を（　　　）歩いた。
　　1　ぽこぽこ　　　2　とぼとぼ　　　3　くどくど　　　4　ぞろぞろ

12　警察は、最初から（　　　）していた容疑者を犯人と断定した。
　　1　マーク　　　　2　エントリー　　　3　タッチ　　　　4　コネクト

13　登山中に体調が悪くなり、しかたなく（　　　）。
　　1　取り下げた　　　2　取り戻した　　　3　引き留めた　　　4　引き返した

問題3 ＿＿＿＿の言葉に意味が最も近いものを、1・2・3・4から一つ選びなさい。

14 アルバイト先のコンビニは、今日、客がひっきりなしに来た。
　　1　次から次へと　　2　大勢の集団で　　3　急いだ様子で　　4　集中的に

15 資格試験に、かろうじて合格した。
　　1　なんとか　　　　2　余裕をもって　　3　1回目で　　　　4　とうとう

16 社長は私に、来年度からの海外転勤をほのめかした。
　　1　告げた　　　　　2　暗に示した　　　3　命令した　　　　4　勧めた

17 子どもは、大人の考えをさとっていることが多い。
　　1　想像している　　2　誤解している　　3　理解している　　4　無視している

18 両国関係を改善するのは、きわめて難しい。
　　1　思った通り　　　2　思ったより　　　3　少しだけ　　　　4　とても

19 今日は休みだったので、一日中心ゆくまで本を読んだ。
　　1　集中して　　　　2　満足するまで　　3　ひさしぶりに　　4　のんびりと

問題4　次の言葉の使い方として最もよいものを、1・2・3・4から一つ選びなさい。

20　そっけない

1　CEO同士がそっけないやり取りをした結果、両社の信頼関係が深まった。

2　パーティーなどでスピーチをする際は、そっけなく話をまとめたほうがいい。

3　文学賞を取ったその新人作家は、記者の質問に対しそっけない答えを返した。

4　深刻な病状だと診断されて入院したが、案外そっけなく退院できて安心した。

21　それる

1　同僚と仕事の相談をしていて、話題がそれて家庭の話になってしまった。

2　階段を下りているときに、うっかり足がそれて転んでしまった。

3　車と車が狭い道でそれていると、ぶつかりそうで危なく感じる。

4　宝くじをしょっちゅう買っているが、いつもそれて当たったことがない。

22　いかにも

1　時代が変化しても、私のいかにも住んでいる町の様子は変わることはない。

2　最近まで選挙権は20歳から与えられたが、今はいかにも18歳からである。

3　探偵小説では、いかにも犯人という登場人物は犯人ではないことが多い。

4　ゲームに熱中して時間を忘れ、いかにも夜中になってしまった。

23　仕組み

1　新製品フェアの会場の仕組みが終わり、後は開会を待つだけになった。

2　正月には家族や友人が大勢集まるので、料理の仕組みをしておかなければならない。

3　新入生の仕組みは、レベルテストで初級・中級・上級に分けることから始まる。

4　光によって色が生まれる仕組みについて知り、科学のおもしろさがわかった。

24　つきる

1　なくした財布が見つかって、今日は本当につきていると思った。

2　宣伝のやり方について会議をしたが、もうアイデアがつきてしまった。

3　予算は限られているんだから、お金を無駄につきることはできない。

4　店長は、店員たちの不満がつきるようにいつも話しかけていた。

25 指摘

1 準備が終わったかどうか指摘してほしいと頼んであるが、まだ連絡がない。

2 他人の発言を何の根拠もなく指摘するような行為は、控えるべきだ。

3 私の論文の長所と短所を、先生が適切に指摘してくれてありがたかった。

4 議長が会議全体の流れを口頭で指摘したあと、話し合いが始まった。

問題5　次の文の（　　　）に入れるのに最もよいものを、1・2・3・4から一つ選び
　　　なさい。

26　あんな人の言うことを（　　　）さえしなければ、今、こんなに苦しい生活をしていることは
なかっただろう。

1　信じる　　　　　　2　信じ　　　　　　3　信じた　　　　　　4　信じて

27　（メールで）
　　会社を辞めることにしたと伝えたら、多くの同僚から考え直してほしいと言われました。あり
がたいとは思いますが、これは、（　　　）決めたことなんです。もう気持ちは変わりません。

1　考えれば考えるほど　　　　　　　　2　考えても考えても
3　考えに考えて　　　　　　　　　　　4　考えようが考えまいが

28　大地震で高速道路や橋が壊れ、交通網が破壊されてしまった。これを一日も早く復旧（　　　）、
あらゆる方面からの協力を得て、作業が進められている。

1　させるべきで　　　2　させるべく　　　3　されるよう　　　4　されようと

29　日本では蚊を危険だと考える人は少ない。しかし、世界に目を向けると蚊が媒介する感染症は
数多く、万一刺され（　　　）したら大変な病気になる恐れもあるのだ。

1　ようと　　　　　　2　たりと　　　　　3　にも　　　　　　4　でも

30　竹田「友達が先週からずっとうちに泊まり込んでいて、ごはんまで勝手に食べるし、まるで自
　　　　　分のうちみたいにしてて、困っているんです。」
　　　横山「え～っ、それは（　　　）よね。」

1　厚かましいにもほどがあります　　　2　厚かましくてきりがありません
3　厚かましいと言わんばかりです　　　4　厚かましいとも言いかねます

31　恵子「前に付き合ってた彼から会いたいっていうメールがきてね。それで（　　　）悩んでる
　　　　　んだけど……。」
　　　洋子「そうねえ。私なら会わないな。」

1　どうなることかと　　　　　　　　　2　どうなろうと
3　どうしたものかと　　　　　　　　　4　どうしたわけかと

32 太田さんはテレビ番組の取材で、先月はアフリカに、今月は南米に（　　　）世界中を飛び回っ

ていて、家にいる時はほとんどないようだ。

1　と　　　　　　　2　も　　　　　　　3　は　　　　　　　4　を

33 最近はスマートフォンが通訳の代わりをしてくれる。完璧というほどでは（　　　）、かなり

正確だ。

1　ないなら　　　　2　あるとして　　　3　あるにしても　　4　ないにしても

34 （病院で）

　　ずっと植物状態で医療スタッフもあきらめていた患者が意識を取りもどし、回復に向かい始めた。

これは奇跡（　　　）と病院全体が沸き立っている。

1　以外のなにものでもない　　　　　　2　とも言いようがない

3　ということはありえない　　　　　　4　とは言い切れない

35 （お知らせで）

　　20XX年5月31日までの予定で道路拡張工事を行っております。安全には十分配慮しておりま

すので、皆様にご理解（　　　）、お願い申し上げます。

1　くださって　　　　　　　　　　　　2　さしあげたくて

3　いたしまして　　　　　　　　　　　4　いただきたく

問題6　次の文の　★　に入る最もよいものを、1・2・3・4から一つ選びなさい。

(問題例)

　　あそこで　____　____　★　____　は佐藤さんです。

　　1　本　　　　　　2　読んでいる　　3　を　　　　　　4　人

(解答のしかた)

1．正しい文はこうです。

あそこで _____ _____ ★ _____ は佐藤さんです。
1　本　　　3　を　2　読んでいる　4　人

2．　★　に入る番号を解答用紙にマークします。

　　　　(解答用紙)　(例)　① ● ③ ④

36　ある人によると、文明とは　____　____　★　____　ときに興るものだということだ。

　　1　逆境に立ち向かい　　　　　　2　人々が

　　3　危機に直面した　　　　　　　4　それが成功した

37　今、組織を　____　★　____　____　この企業は生き残ることはできないだろう。

　　1　覚悟が　　　　2　つくりかえる　　3　ないと　　　　4　くらいの

38　一見不可能としか　____　____　★　____　うまくいくこともある。

　　1　ことも　　　　2　やり方　　　　3　思えない　　　4　次第で

― 8 ―

39 不規則な生活をしていると体によくないと ＿＿＿ ＿＿＿ ＿＿＿ ★ しかたなくそのまま続けている。

1 働かないと生活ができないので　　2 わけにもいかず

3 仕事をやめる　　4 わかってはいるものの

40 産業技術の進歩により人々の生活は ＿＿＿ ＿＿＿ ★ ＿＿＿ 。

1 忘れてはならない　　2 その一方で

3 豊かになったが　　4 負の側面もあることを

問題7　次の文章を読んで、文章全体の趣旨を踏まえて、 41 から 45 の中に入
　　　る最もよいものを、1・2・3・4から一つ選びなさい。

　　　自分が何ものからも自由である！　と思えることこそ、真に自立した人間だと言えるの
　　ではないでしょうか。誰にも依存せず、誰からも束縛されない人生はとてもすがすがしい
　　ものです。そして、そんな自由で自立した状態というのは、裏を返せば孤独であるという
　　こと。「え？」と思うかもしれませんが、自由に生きることは孤独と表裏一体、孤独は自由の
　　報償として 41 ものなのです。それは、人を無視することやエゴイズムとはなんら関係あ
　　りません。自由のサインです。
　　　多くの人は、この時代になっても孤独な生き方を 42 、どうやって一緒に生きるかとい
　　うことに一喜一憂しながら、また、どうして一緒に生きていけないのか悩んだり恐れたりし
　　ながら生きています。
　　（中略）
　　　私が言いたいのは、まったく違う次元のこと。孤独であるということは、夫婦生活や家庭
　　生活、集団生活の反対に位置している 43 。ただし、依存とは正反対のところにあります。
　　　誰かを頼りに生きる人生をちょっと想像してみてください。頼りにするということは、他
　　人に期待すること、そしてときに失望を味わうということです。それはとても不自由で疲れ
　　る生き方だと思いませんか。自分の考えで行動するほうがずっと刺激的で、学べることが多
　　いはず。自分の責任で自分を頼りにするほうが確実ですし、どれだけ自由ですがすがしいでしょ
　　う！　それが自立するということだと思うのです。
　　　《いやな伴侶と一緒にいるよりは、ひとりでいたほうがいい》
　　ほとんどの人は、この言葉とは逆のことを考えているのではないでしょうか。
　　　《ひとりになる 44 、どんなことにも耐える》をモットーとして生きていませんか。
　　　大切なのは、ひとりでも幸せで充足して生きられること。 45 幸せでいることです。孤
　　独を満喫することを知る、それが人生で最も重要なことだと思います。

(Dora Tauzin『パリジェンヌ流　今を楽しむ！ 自分革命』河出書房新社による)

（注１）報償：与えた損害をつぐなうこと
（注２）伴侶：なかま、つれ、　生涯の伴侶＝配偶者（妻、夫）

— 10 —

41

1　払いようがない　　　　　　　2　払うべき

3　払おうとしない　　　　　　　4　払いそうな

42

1　知りそうもなく　　　　　　　2　知ろうとして

3　知りたくて　　　　　　　　　4　知ろうとせず

43

1　わけではありません　　　　　2　わけにはいきません

3　わけはありません　　　　　　4　わけなのです

44

1　ということは　　2　からには　　3　くらいなら　　　4　ことはなく

45

1　孤独でいるためには　　　　　2　孤独でいながら

3　孤独にはならなくても　　　　4　孤独とは言えなくても

問題8　次の(1)から(4)の文章を読んで、後の問いに対する答えとして最もよいものを、
　　　　1・2・3・4から一つ選びなさい。

(1)

　「日本には宗教がない」と平然と言ってのける人たちが日本人の中には少なくない。私は、日本人
は国際的に見て結構信心深い人たちだと思っている。ただ、信仰の対象自体が、一神教の場合と違っ
て、あまりにも多様かつ曖昧で、すっきりしていないと言うだけの話だ。一神教的な意味の「神」
がいないだけのことだ。西洋的な概念で解釈すると、日本に関しとんでもない、突飛な言辞をはい
てしまうことがあるわけだ。　　　　　　　　　　　　　　　　　　　　　　　　　(注1)　(注2)

　　　　　　　　　　　　　(上野景文『現代日本文明論─神を呑み込んだカミガミの物語』第三企画による)

（注1）突飛な：思いもよらない
（注2）言辞：ことば

46　筆者の考えに合っているものはどれか。

　1　日本に宗教がないというのは事実だ。

　2　西洋的な概念では日本人の宗教は語れない。

　3　一神教的な考え方は日本に根強くある。

　4　日本人は宗教心をすっきりさせるべきだ。

(2)

以下は、町内会のお知らせである。

20××年○月×日

町内会会長

高橋一郎
(たかはしいちろう)

講習会のお知らせ

町内会会員各位

拝啓　時下ますますご清栄のこととお慶び申し上げます。

　さて、このところ日本では自然災害が頻発しております。つきましては、町内会ではいざという時にどうすれば安全に避難することができるかにつきまして、災害時の救助に何度も当たってこられました元自衛官の原田和夫氏(はらだかずお)を講師としてお招きし、お話を伺うことにいたしました。また、避難の際にどんなものが必要か、意外に役に立つものは何か、など、いろいろな災害を想定してお話をしてくださるそうです。

　こんな機会はめったにありません。皆様お忙しいとは存じますが、ぜひご参加くださるようお願いいたします。

　なお、当日は防災用品の販売も行います。

　参加希望の方は、下記へお電話かFAXでお申し込みください。

敬具

記

1．日時　　20＊＊年○月○日　10：00～11：30
2．場所　　北山小学校講堂(きたやま)
3．申込先　町内会事務所　　Tel/Fax：03-1234-5678

以上

47 この講習会で原田和夫氏(はらだかずお)は何について話すか。

1　災害にあった人を救助した経験

2　防災用品の正しい使い方

3　自然災害が多くなった原因

4　災害の時の安全な避難の仕方

(3)

　以下は「劣等感」について書かれた文章の一部である。

　劣等感という「素材」は、料理の仕方を誤ると、すこぶる不味くなる。熱くなりすぎて焦がして
しまった劣等感ほど、やっかいなものはない。劣等感がいきすぎて、他人に対する恨みの感情や、
世界に対する否定的な思いに支配されてしまっては、人生をエンジョイできない。しかし、もし自
らの劣等感を恐れることなく耕すことができれば、そこには思わぬ沃野が待っているのである。
　劣等感を糧にすればよい。そう思ったら、人生は楽しくなってこないか。

（茂木健一郎『脳はもっとあそんでくれる』中央公論新社による）

（注1）すこぶる：非常に
（注2）沃野：土が栄養豊かで作物のよくできる平野

48　劣等感について、筆者はどのように述べているか。

　　1　劣等感は、自分を成長させるのに役に立つものだ。

　　2　劣等感は、人生をエンジョイするためには持ってはいけないものだ。

　　3　劣等感は、世界を否定的な目で見るようにさせるものだ。

　　4　劣等感は、不味い材料で作った料理のようなものだ。

読解

（4）

以下は、読書について書かれた文である。

巷間（注1）、流布（注2）されている速読術を僕は信用しない。速度とは文字を眼で追う速さでなく、読む価値があるかないかをつかむ速さである。

この本は自分にとって読む価値があるかないか、参考になるかならないか、その識別が速いか遅いかであり、要らないなと思う本はページをぱらぱらとめくっていくうちに十分、二十分で要らないと判断できる。必要だと思う本は速読の必要はない。じっくり読む。

速読術とは、ほんとうはそういうことであり、たくさんの本からお宝を探す方法なのだ。速読は速記と同じような意味ではない。

（猪瀬直樹『言葉の力―「作家の視点」で国をつくる』中央公論新社による）

（注1）巷間：ちまた、世間

（注2）流布：世に広まること

49 この文章で筆者が述べていることは何か。

1　速読術というのは、短時間で多くの文字を読む方法である。

2　世間一般で言う速読術とは、本の価値を速く識別する方法である。

3　本当の速読術とは読む価値のある本かどうかを速く判断する方法である。

4　ここで言う速読術とは、多くの本を丁寧に読み宝を見つけ出す方法である。

問題9　次の(1)から(3)の文章を読んで、後の問いに対する答えとして最もよいものを、
　　　　1・2・3・4から一つ選びなさい。

(1)

　いま、まねる力が弱体化していると感じます。これは重大な問題です。まねる力が途切れてしま
えば、社会を維持することができなくなってしまうのですから。いかに制度としての民主主義が残っ
①
ていても、民主主義のメンタリティを世代間で継承できなかったとしたら、民主主義は形骸化する
ばかりです。

　「職人気質」という言葉がありますが、本物の職人さんに出会うと、知らず知らずのうちにその職
　　かたぎ　　②
人気質に感染することになります。日本人はどの領域でも、職人気質をまねすることによって、仕
かたぎ　　　　　　　　　　　　　　　　　　　　　　　かたぎ
事を覚えてきました。「気質」、要するにメンタリティをまねることによって、仕事の技法というも
　　　かたぎ
のは伝承されていくのではないでしょうか。

　いい学校と言われるところでは、必ずその学校ならではのメンタリティが伝承されています。何
年経っても「まだこんな体育祭をやっているんだ」といったものが伝統だと思います。

　伝統とは、まねる力の結晶化です。逆にいえば、まねる力が存在していないと、伝統が続けられ
③
ないわけです。制度があるだけではつながっていきません。

(中略)

　自分たちが伝統の中にいて、しかもその伝統を次に伝えていくという意識を持つことは大事です。
まねるということをあまり小さく捉えないで、文化全体として捉えることで、その威力に目覚めて
ほしいと思います。

(齋藤孝『まねる力—模倣こそが創造である』朝日新聞出版による)

50　どんな場合に①社会を維持することができなくなってしまうのか。

　1　民主主義が機能しなくなっている場合
　2　物事のメンタリティを継承できなくなっている場合
　　　ものごと
　3　社会が弱体化し制度が継続できなくなっている場合
　4　物事のメンタリティしか後世に伝えられていない場合
　　　ものごと　　　　　　　　　　こうせい

51 ②職人気質に感染するとはどういうことか。

1 本物の職人と一緒にいるだけで、技術が覚えられるということ

2 本物の職人に出会うと、技術のすばらしさが分かること

3 職人の仕事に対する心や技を、自然に引き継いでいくこと

4 本物の職人の技を受け継ぐ場合は、性格も似るということ

52 筆者は③伝統についてどう考えているか。

1 時代に合わなくなった部分は排除し、それ以外は伝えていくべきものである。

2 制度を重視して、意識的に後世に伝えていくべきものである。

3 結晶のように固まっていて、変えることのできないものである。

4 メンタリティをまねることで文化として後世に伝えられるものである。

(2)

　就職活動を始めるときに、みなさんは最初に「自分の適性」ということを考えます。そして、適性にふさわしい「天職」を探し出そうとする。自分の適性がよくわからないと仕事が探せないということになっていますので、本学では「適性テスト」というのをみなさん全員が受けます。

　でもね、いきなりで申し訳ないけれど、この「適性と天職」という発想そのものが実は最初の「ボタンの掛け違え」だと僕は思います。「適性と天職」幻想にとらえられているから、キャリアを全うできなくなってしまう。僕はそう思います。

　勤め始めてすぐに仕事を辞める人が口にする理由というのは、「仕事が私の適性に合っていない」「私の能力や個性がここでは発揮できない」「私の努力が正当に評価されない」、だいたいそういうことです。僕はこの考え方そのものが間違っていると思います。仕事っていうのはそういうものじゃないからです。

　みなさんの中にもともと備わっている適性とか潜在能力があって、それにジャストフィットする職業を探す、という順番ではないんです。そうではなくて、まず仕事をする。仕事をしているうちに、自分の中にどんな適性や潜在能力があったのかが、だんだんわかってくる。そういうことの順序なんです。

（内田樹『街場のメディア論』光文社による）

53　ここでの①ボタンの掛け違えとは何か。

　1　「適性テスト」を受ければ就職はできると思うこと

　2　自分の適性に合った天職を探そうと思うこと

　3　自分の適性に合った仕事は探せないと思うこと

　4　自分には天職と言えるものはないと思うこと

54　②この考え方とは誰の考え方か。

　1　筆者

　2　本学

　3　会社をすぐ辞める人

　4　みなさん

55 就職活動を始める学生に対して、筆者はどんなアドバイスをしているか。

1　適性にふさわしい天職に就くことは簡単ではないから、それを見つけてから就職活動を始めるべきだ。

2　適性に合わない仕事をしてもキャリアを全うできないから、その場合は早めに別の仕事を探すべきだ。

3　適性に合う仕事を探すのではなく、まず仕事をし、そのうち適性が見つかると考えたほうがいい。

4　どんな潜在能力が備わっているかは自分にはわからないものだから、適性テストを受けたほうがいい。

(3)

　ずいぶん以前に、旅行業で働く人々の労働組合が、自分たちの労働とは何かを考える研究会を作ったことがある。旅行業の人々は物は作っていない。航空券などを販売したり、ホテルの手配をしたり、ツアー旅行に同伴して案内したりする。いわば、典型的なサービス業である。

　議論になったのは、もしかすると日本の社会の貧しさが自分たちの労働を支えているのかもしれない、ということであった。例えば、もっと自由に長期休暇がとれるならば、そして日々の生活や労働にもっと余裕があり、自分で調べて旅行コースを作り、ホテルや交通手段などの予約をとっていく暇があるならば、はたしてこれだけのツアー企画の需要があるだろうか。つまり、外国語が苦手で、満足な旅行の準備をする余裕さえない日本の労働者の現状が、自分たちの労働を支えているのではないか、……。

（中略）

　そして、日本の社会の現状が多くのビジネス・チャンスを生み、それが現代経済を支えているという構造が浮かびあがってきた。

（中略）

　現代とは不気味な社会である。なぜならこの経済社会にとっては、人間たちの余裕のなさは悪いことではなく、むしろ経済成長を促す要因でさえあるのだから。人間の存在環境の貧しさは、経済にとっては、全てビジネス・チャンスになりうる。仮に、自由に新しいビジネスを生み出していける環境が広がることが、経済にとっての自由だとするなら、人間たちの余裕のなさも、経済の自由を高めていく一要素になりうるのである。

（内山節『自由論――自然と人間のゆらぎの中で』岩波書店による）

56　①日本の社会の貧しさはどういうことか。

1　過酷な労働環境に耐えなければならないこと

2　自分の生活を自分の力で楽しむ余裕がないこと

3　経済的な理由で旅行することができないこと

4　労働組合が社会で十分に機能していないこと

57 ②現代とは不気味な社会であると言っているのはなぜか。

1　余裕がなくても人々は楽しんでいるから

2　経済が成長しても人々に余裕がないから

3　人々の余裕のなさが経済成長につながるから

4　人々に余裕がないのに経済活動は自由だから

58 筆者の考えを表しているのはどれか。

1　現代は、生活の余裕のなさが経済活動の自由を支えるという、少々奇妙な社会である。

2　人間がもっと余裕を持った生活ができるように考えないと、真の経済発展はない。

3　どんな小さなこともビジネス・チャンスになるものは全て利用する社会は恐ろしい。

4　経済活動が活発になればなるほど、人々の生活に余裕がなくなるのは、不思議だ。

問題10　次の文章を読んで、後の問いに対する答えとして最もよいものを、1・2・3・
　　　　4から一つ選びなさい。

　いつでも競争に勝たなければ生き残れないという社会は、全体としてみれば、不必要な緊張や無
駄を生んでいる場合も少なくありません。ただ、きびしい自由競争が活力と進歩を生み出すのも事
実で、科学技術におけるアメリカの繁栄は、その賜物（注1）といってよいと思います。
　　　　　　　　　　　　　　　　　　①
　競争社会で暮らすと、必ず出てくるのがライバルという存在です。いったいこの存在をどう考え
　　　　　　　　　　　　　　　　　　②
るか。これも人生においてはかなり重要な問題になってきます。私は、ライバルとは自分をやる気
にしてくれたり、能力を高めるきっかけを与えてくれる存在として、むしろ必要なものと考えてい
ます。
　オリンピック競技でもライバルが存在するから、少しでも先へいってやろうと一生懸命に練習に
取り組む。それによって記録が更新されていくのです。学問の世界もライバルが存在しなければ、
その進歩は大幅に遅れてしまいます。
　ライバルは「好敵手」という言葉のとおり、好ましいと思ってつきあうことができる存在と考え
ればよいと思います。
　では敵の場合はどうでしょうか。ライバルは同じ土俵で覇を競う存在ですが、敵となると話が違っ
　　　③　　　　　　　　　　　　　　　（注2）（注3）
てくる。敵は必ずしも同じ土俵とはかぎらない。同じ土俵でないからルールも定かではない。ライ
バルは存在してくれないとこちらが困るが、敵はいないほうがよいとだれもが考えます。
　ここから敵を滅ぼすという考え方が出てきます。
（中略）
　西洋の神様の考え方はラジカル（過激）なのが特徴。（中略）
　これに対して東洋はどうかというと、神様の違いもありますが、西洋にくらべればかなり穏やかで、
「本当の敵は自分のなかにある」という考え方をします。私は「ライバルはあるけれども敵はいない。
いたとしても味方にできる」と思っています。
　敵があるということは、それだけ自分の存在が認められているということ、だから敵をたたきつ
ぶすという考え方はしないほうがいい。「いまは敵でも、いつか必ず味方にするぞ」と思うことです。

（村上和雄『人生の暗号─あなたを変えるシグナルがある』サンマーク出版による）

（注1）賜物：結果として生じたよい事や物
（注2）土俵：相撲の勝負を競う場所
（注3）覇：競技などで優勝すること

― 22 ―

59 ①その賜物とは何の賜物か。

1　緊張や無駄

2　きびしい自由競争

3　科学技術の進歩

4　アメリカの繁栄

60 ②ライバルについて、本文と合っているものはどれか。

1　スポーツでも学問でも、良い結果を生むことにつながる存在である。

2　人生における重要な問題を、共に解決する存在である。

3　進歩を大幅に遅らせる可能性があるため、いないほうがいい存在である。

4　勝ちたいと考えてしまい、親しくつきあうことができない存在である。

61 ③敵について、本文と合っているものはどれか。

1　敵と戦うときは、ルールを守らなければならない。

2　敵はライバルと違って、いないと困る存在である。

3　敵は、必ずしも同じ分野で活動しているとは限らない。

4　敵とは、好敵手つまりライバルと同じ意味合いである。

62 筆者の「敵」に対する考え方は、どのようなものか。

1　敵とは、自分の考え方と異なるものであり、滅ぼしてもかまわない存在である。

2　西洋の宗教の神様同士は互いに敵であるが、認め合って存在している。

3　敵は、自分を否定しようとする危険な存在であり、味方にすることは難しい。

4　敵の存在は絶対的ではなく、自分の考え方次第であり、味方にすることも可能だ。

問題11　次のＡとＢの文章を読んで、後の問いに対する答えとして最もよいものを1・2・
　　　　3・4から一つ選びなさい。

Ａ

　　自立ということを依存と反対である、と単純に考え、依存をなくしてゆくことによって自
　立を達成しようとするのは、間違ったやり方である。自立は十分な依存の裏打ちがあってこそ、
　そこから生まれでてくるものである。子どもを甘やかすと、自立しなくなる、と思う人がある。
　確かに、子どもを甘やかすうちに、親の方がそこから離れられないと、子どもの自立を妨げ
　ることになる。このようなときは、実は親の自立ができていないので、甘えること、甘やか
　すことに対する免疫が十分にできていないのである。親が自立的であり、子どもに依存を許
　すと、子どもはそれを十分に味わった後は、勝手に自立してくれるのである。

（河合隼雄『こころの処方箋』新潮社による）

Ｂ

　　会社の上司が、息子が自立しないと嘆いていた。働いてはいるが、実家にいて身の回りの
　ことは母親に依存しているというのだ。自分はどうだろう。私は親からは経済的には自立し、
　独り暮らしをしているが、何かというと親を頼っている。逆に両親が私を頼ることも多い。
　お互いに依存し合っているのだ。考えてみれば、私たちは皆お互いに依存し合って生きてい
　るのではないか。私の仕事はグループですることが多いが、お互いに協力し合い依存し合っ
　てやっている。親元を離れ自立しても、決して誰にも頼らずに生きているわけではない。依
　存先が変わるだけだ。人間である以上、誰にも依存しない生活なんてあり得ない。自立と依
　存は対立するものではなく、共存するものだと言えると思う。

63 自立について、AとBの共通した考えは何か。

1 自立とは、親に依存しなくなることである。

2 自立とは、誰にも依存しないことではない。

3 自立とは、誰にも依存していない状態をいう。

4 自立とは、依存先を増やしていくことではない。

64 親からの自立という点について、AとBはどのように述べているか。

1 AもBも、親から自立した後は他の何かに依存すると述べている。

2 AもBも、親が自立的であれば子どもは自然に自立すると述べている。

3 Aは親から自立した後は他の何かに依存すると述べ、Bは親が自立的であれば子どもは自然に自立すると述べている。

4 Aは親が自立的であれば子どもは自然に自立すると述べ、Bは親から自立した後は他の何かに依存すると述べている。

読解

問題12　次の文章を読んで、後の問いに対する答えとして最もよいものを1・2・3・4
　　　　から一つ選びなさい。

　人間は「技術」というものを我が身に備えます。その「技術」は、ただ備えただけでは意味を持
ちません。人間には、「技術を適用する」ということが必要とされます。「技術」の獲得には時間が
かかって、「技術の適用」には、ためらいと挫折がつきものです。それは当然のことで、だからこそ、
人間の「ものを作る」には時間がかかります。「いいもの」というのは、その、時間とためらいと模
索の結晶で、だからこそ、昔に作られたものには「いいもの」が多いのです。
　　　　　　　　　　　　　　　①
　簡単な真理とは、「いいものは簡単に作れない」で、「時間をかけて作られたものは、それなりに“い
いもの”になる」です。時間をかけても、「作ることに失敗したもの」は、「もの」になりません。「も
のになった」ということは、それ自体で既に「いいこと」で、そのためには、それなりの時間がか
かります。ものを作る人間は、時間というものを編み込んで「作れた＝出来た」というゴールへ至
るのです。
　昔には「簡単に作れる」という質の技術がありませんでした。だから、ものを作る人間は、時間
をかけるしかありませんでした。そして、「ちゃんと作る」をしないと、「作る」がまっとう出来ま
せん。「ちゃんと作る」はまた、「失敗の可能性」を不可避的に浮上させて、「試行錯誤」を当然とさ
せます。「ためらい」と「挫折」があって、そのいたるところに口を開けた「失敗への枝道」を回避
しながら、「出来た」の待つゴールへ至らなければなりません。「作る」という行為は、葛藤の中を
　　　　　　　　　　　　　　　　　　　　　　　　　　　　　　　　　　　　　　　かっとう
進むことなのです。「ものを作る」という作業は葛藤を不可避として、葛藤とはまた、「時間」の別
　　　　　　　　　　　　　　　　　　　　　　　　　　かっとう　　②
名でもあります。「時間をかける」とはすなわち、「自分の都合」だけで生きてしまう人間の、「思い
込み」という美しからぬ異物を取り去るための行為なのです。「葛藤は、完成のための研磨材」かも
　　　　　　　　　　　　　　　　　　　　　　　　　かっとう
しれません。
　ところが人間はある時、この「時間がかかる」を、「人間の欠点」と思うようになりました。「欠
点だから克服しなければならない」と思ったのです。それで、「時間がかかる」を必須とする「人間
の技術」を、機械に移し換えようとしたのです。産業革命以降の「産業の機械化」とは、この事態です。
　　　　　　　　　　　　　　　　　　　　　　　　　　　　　　③
　機械化による大量生産は、ものを作る人間から、「ためらい」という時間を奪いました。ものを作
りながら、「ためらい」という研磨材でろくでもない「思い込み」を削り落とし、「完成＝美しい」
というゴールへ近づけるプロセスを排除してしまいました。つまり、ためらいぬきで、「観念」が現
実化してしまうということです。

（橋本治『人はなぜ「美しい」がわかるのか』筑摩書房による）

65 ①昔に作られたものには「いいもの」が多いというのはなぜか。

1　確かな技術を身につけた職人が大勢いて、そういう人たちが作ったものだから

2　時間をかけ、迷いやためらいや失敗を繰り返した末に出来上がったものだから

3　どんなものを作ればいいかというゴールが、誰にも共通で明確だったたから

4　ためらったり失敗したりすることなく、確信をもってもの作りをしたから

66 ②葛藤とはまた、「時間」の別名でもありますとはどういうことか。

1　時間をかけないで完成品が作れるように、いろいろな工夫をするということ

2　時間をかけてものを作ることを目的として、そのためにいろいろ考えるということ

3　ものを完成させるには考え悩みながら作る必要があり、時間がかかるということ

4　考え悩む時間は無駄な時間であり、過ぎ去ってしまえば何も残らないということ

67　筆者の考えでは、③「産業の機械化」がもたらした変化は何か。

1　ものを作るための意義深い必要な過程を、排除してしまった。

2　質のいい便利なものが大量に短時間で作れるようになった。

3　見栄えのいい美しいものを失敗なく大量に作ることができなくなった。

4　人間の欠点である「思い込み」をなくすことができるようになった。

68　筆者の考えと合っているものはどれか。

1　機械化による大量生産は、無駄なものを削り落とした。

2　作ることに失敗するのは、十分な模索をしないからだ。

3　いいものを簡単につくるためには、優れた技術が必要だ。

4　ためらいという時間があってこそ、いいものが作れる。

問題13　右のページは、訪日外国人に対するボランティアの募集要項である。下の問いに対する答えとして最もよいものを、1・2・3・4から一つ選びなさい。

69　次の4人のうち、このボランティアに参加できるのは誰か。
1　高橋さん：　高校2年生。1年間留学していたので、現在18歳である。得意な英語を生かしてボランティア活動をしたいと思っている。
2　松本さん：　外国暮らしが長かったので、外国人とのコミュニケーションには自信がある。もう退職しているので、自由な時間もたくさんある。都内在住。
3　ジョイさん：神奈川県の大学の3年生。来年は6月から他の国に短期留学の予定なので、1年を通して活動することはできないが、日本にいる間はやってみたいと思っている。
4　メイさん：　日本に来て3か月、茨城の日本語学校で勉強している。日本になれるためにぜひやってみたい。養成講座にも金曜日以外の平日なら参加できる。

70　ナットさんは日本に来て3年のタイ人である。千葉の会社に勤めている。週末は空いているので、どちらか一日、ボランティアをしたいと思っている。12月になると海外出張がある。また10月12日の土曜日は仕事が入っている。また、11月最後の日曜日は出張の準備で忙しい。ナットさんが参加できるボランティア養成講座はどれとどれか。
1　3　と　6
2　4　と　6
3　1　と　4
4　2　と　4

首都圏訪日外国人旅行者"おもてなし"ボランティアガイド

20XX年度 募集中
語学に自信のある方、日本在住で日本語の上手な外国人の方、
日本に来る外国人のガイド、サポートのボランティアをしませんか。
あなたの活躍の場が広がります。

【活動期間】原則として1年間。1年を通じて活動できること
本年9〜12月に下記のボランティア養成講座を受講した後、翌年4月より活動開始。

【活動日】1日〜2日／週。都合のいい曜日を選べます。平日にできる方歓迎。

【活動場所】都内、または東京都近郊

【応募資格】• 東京都・神奈川県・千葉県・埼玉県に在住・在勤・在学のいずれかであること
• 18歳以上（高校生は除く。但し、来年3月卒業予定で4月より活動できる場合は可）
• 各地域で行われるボランティア養成講座に全日程参加できる方

【申し込み方法】
• 7月1日から受付を開始します。定員になり次第締め切りとなります。
• 応募期間内に下記WEBページ上の申し込みフォームに直接入力して申し込むか、記入済み申し込み用紙を郵送してください。
• お申し込み後、ボランティア養成講座の受講案内をメール、または郵送でお送りしますので、ご都合のいいコースをお選びください。

◆ボランティア養成講座開催日時

	地区	期間	時間
1	東地区	9月6日〜10月18日　毎金曜日　全7回	18：00〜20：00
2	西地区	10月26日〜12月14日　毎土曜日（11/23は除く）全7回	10：00〜12：00
3	中央地区	9月7日〜10月26日　毎土曜日（10/12は除く）全7回	13：00〜15：00
4	城南地区	10月6日〜11月24日　毎日曜日（11/3は除く）全7回	10：00〜12：00
5	城北地区	11月1日〜12月13日　毎金曜日　全7回	18：00〜20：00
6	湾岸地区第1回	9月8日〜10月20日　毎日曜日　全7回	10：00〜12：00
7	湾岸地区第2回	11月9日〜12月28日　毎金曜日（11/23は除く）全7回	18：00〜20：00

※どの地区の講座でも参加可能。参加費は無料。
開催場所についてはWEBページ参照のこと　https://omotenashi-townguide.com

読解

N1

【ベスト模試 第3回】

聴解

（60分）

注　意
Notes

1. 試験が始まるまで、この問題用紙を開けないでください。
   Do not open this question booklet until the test begins.

2. この問題用紙を持って帰ることはできません。
   Do not take this question booklet with you after the test.

3. 受験番号と名前を下の欄に、受験票と同じように書いて
   ください。
   Write your examinee registration number and name clearly in each box below as
   written on your test voucher.

4. この問題用紙は、全部で13ページあります。
   This question booklet has 13 pages.

5. この問題用紙にメモをとってもかまいません。
   You may make notes in this question booklet.

受験番号　Examinee Registration Number	

名 前　Name	

問題1では、まず質問を聞いてください。それから話を聞いて、問題用紙の1から4の中から、最もよいものを一つ選んでください。

れい
例

1　プロジェクトの目標

2　よさんの計画

3　しじょうのぶんせき

4　スケジュール

1番^{ばん}

1 今すぐ飲ませ、次の分を遅らせる

2 朝の分は飲ませず、昼の分を飲ませる

3 今すぐ飲ませ、昼の分も飲ませる

4 時間をきんとうに空けて、夜までに3回飲ませる

2番^{ばん}

1 食べる量を減らす

2 水泳を始める

3 ジムの会員になる

4 オフィス内を歩く

3番

1 お湯にする

2 水にする

3 ぬるま湯にする

4 何もせずそのまま使う

4番

1 レンズの度を合わせてもらいに行く

2 メガネを新しく買いに行く

3 名刺を使う方法で調べてもらいに行く

4 フレームを調整してもらいに行く

5番

1 白い帽子
2 黒い帽子
3 白い傘
4 黒い傘

6番

1 売り上げのデータを入力する
2 お客さんのメールの問い合わせに答える
3 商品の品ぞろえをチェックする
4 お客さんのコメントをホームページに反映させる

　問題２では、まず質問を聞いてください。そのあと、問題用紙のせんたくしを読んでください。読む時間があります。それから話を聞いて、問題用紙の１から４の中から、最もよいものを一つ選んでください。

れい
例

1　研究した内容がおもしろかったから

2　絵を使った発表の仕方がよかったから

3　友達の発表に対してよく質問したから

4　静かに友達の発表を聞いていたから

聴解

1番

1 　にせものを大事な人たちへのお土産にしたこと

2 　だまされてわざわざ高い物を買いにいったこと

3 　会社が営業停止にならなかったこと

4 　会社がりえきついきゅうしゅぎでせいいがないこと

2番

1 　そだいごみとして、まとめて捨てるため

2 　さいがいの時に水などを運ぶのに使うため

3 　赤ちゃんが生まれた家庭にあげるため

4 　住民きょうゆうのものとして置いておくため

3番

1 データ提供サービスの会社の営業の人がきたこと

2 若い社員のリーダーとなっている社員と話したこと

3 問題があっても経営者に言えない職場だと気づいたこと

4 社員と社長が直接話し合うべきだと考えたこと

4番

1 世界いさんがはかいされそうだということ

2 地球おんだんかが非常に進んでいるということ

3 地中海沿岸に世界いさんがたくさんあること

4 世界に1,000以上の世界いさんがあること

5番

1 マナーは、その社会の習慣として決まるものだ

2 どんな国でもマナー違反はふかいかんを与える

3 仕事をしているときは、きちんとマナーを守るべきだ

4 せきをしているときにマスクをしないのはマナー違反だ

6番

1 アメリカ人が言ったじょうだんがよくわからなかったから

2 日本人が、友達の外国人の行動をからかったから

3 てんけいてきな日本人の行動を外国人にまねされたから

4 かがみで自分を見て、言われたことが本当だと思ったから

7番

1　会社に決まった時間に着くようにホームを急いで歩くこと

2　会社に余裕をもって行くために早く家を出ること

3　会社に近い出口から出られるように一番前の車両に乗ること

4　いつも乗っている車両に行くために電車の中を歩くこと

<ruby>問題<rt>もんだい</rt></ruby> 3

　<ruby>問題<rt>もんだい</rt></ruby>3では、<ruby>問題用紙<rt>もんだいようし</rt></ruby>に<ruby>何<rt>なに</rt></ruby>も<ruby>印刷<rt>いんさつ</rt></ruby>されていません。この<ruby>問題<rt>もんだい</rt></ruby>は、<ruby>全体<rt>ぜんたい</rt></ruby>としてどんな<ruby>内容<rt>ないよう</rt></ruby>かを<ruby>聞<rt>き</rt></ruby>く<ruby>問題<rt>もんだい</rt></ruby>です。<ruby>話<rt>はなし</rt></ruby>の<ruby>前<rt>まえ</rt></ruby>に<ruby>質問<rt>しつもん</rt></ruby>はありません。まず<ruby>話<rt>はなし</rt></ruby>を<ruby>聞<rt>き</rt></ruby>いてください。それから、<ruby>質問<rt>しつもん</rt></ruby>とせんたくしを<ruby>聞<rt>き</rt></ruby>いて、1から4の<ruby>中<rt>なか</rt></ruby>から、<ruby>最<rt>もっと</rt></ruby>もよいものを<ruby>一<rt>ひと</rt></ruby>つ<ruby>選<rt>えら</rt></ruby>んでください。

ーメモー

聴解

— 10 —

問題 4

問題4では、問題用紙に何も印刷されていません。まず文を聞いてください。それから、それに対する返事を聞いて、1から3の中から、最もよいものを一つ選んでください。

ーメモー

聴解

もんだい
問題 5

　問題 5 では、長めの話を聞きます。この問題に練習はありません。問題用紙にメモをとってもかまいません。

1 番、2 番

　問題用紙に何も印刷されていません。まず話を聞いてください。それから、質問とせんたくしを聞いて、1 から 4 の中から、最もよいものを一つ選んでください。

ーメモー

3番

　まず話を聞いてください。それから、二つの質問を聞いて、それぞれ問題用紙の1から4の中から、最もよいものを一つ選んでください。

質問1

1　人事部
2　営業部
3　企画・調査部
4　宣伝・広報部

質問2

1　人事部
2　営業部
3　企画・調査部
4　宣伝・広報部

聴解

解答用紙

【ベスト模試 第3回】

N1 言語知識（文字・語彙・文法）・読解

受験番号 Examinee Registration Number

名前 Name

問題 1

1	①	②	③	④
2	①	②	③	④
3	①	②	③	④
4	①	②	③	④
5	①	②	③	④
6	①	②	③	④

問題 2

7	①	②	③	④
8	①	②	③	④
9	①	②	③	④
10	①	②	③	④
11	①	②	③	④
12	①	②	③	④
13	①	②	③	④

問題 3

14	①	②	③	④
15	①	②	③	④
16	①	②	③	④
17	①	②	③	④
18	①	②	③	④
19	①	②	③	④

問題 4

20	①	②	③	④
21	①	②	③	④
22	①	②	③	④
23	①	②	③	④
24	①	②	③	④
25	①	②	③	④

問題 5

26	①	②	③	④
27	①	②	③	④
28	①	②	③	④
29	①	②	③	④
30	①	②	③	④
31	①	②	③	④
32	①	②	③	④
33	①	②	③	④
34	①	②	③	④
35	①	②	③	④

問題 6

36	①	②	③	④
37	①	②	③	④
38	①	②	③	④
39	①	②	③	④
40	①	②	③	④

問題 7

41	①	②	③	④
42	①	②	③	④
43	①	②	③	④
44	①	②	③	④
45	①	②	③	④

問題 8

46	①	②	③	④
47	①	②	③	④
48	①	②	③	④
49	①	②	③	④

問題 9

50	①	②	③	④
51	①	②	③	④
52	①	②	③	④
53	①	②	③	④
54	①	②	③	④
55	①	②	③	④
56	①	②	③	④
57	①	②	③	④
58	①	②	③	④

問題 10

59	①	②	③	④
60	①	②	③	④
61	①	②	③	④
62	①	②	③	④

問題 11

63	①	②	③	④
64	①	②	③	④

問題 12

65	①	②	③	④
66	①	②	③	④
67	①	②	③	④
68	①	②	③	④

問題 13

69	①	②	③	④
70	①	②	③	④

解答用紙

【ベスト模試 第3回】

N1 聴解

受験番号
Examinee Registration Number

名前
Name

〈ちゅうい Notes〉

1. くろいえんぴつ(HB、No.2)でかいてください。
   Use a black medium soft (HB or No.2) pencil.
   (ペンやボールペンではかかないでください。)
   (Do not use any kind of pen.)
2. かきなおすときは、けしゴムできれいにけしてください。
   Erase any unintended marks completely.
3. きたなくしたり、おったりしないでください。
   Do not soil or bend this sheet.
4. マークれい Marking Examples

よいれい Correct Example	わるいれい Incorrect Examples
●	⊘ ⊙ ◑ ○ ● ⊖

問題 1

問	①	②	③	④
例	①	②	●	④
1	①	②	③	④
2	①	②	③	④
3	①	②	③	④
4	①	②	③	④
5	①	②	③	④
6	①	②	③	④

問題 2

問	①	②	③	④
例	①	●	③	④
1	①	②	③	④
2	①	②	③	④
3	①	②	③	④
4	①	②	③	④
5	①	②	③	④
6	①	②	③	④
7	①	②	③	④

問題 3

問	①	②	③	④
例	①	●	③	④
1	①	②	③	④
2	①	②	③	④
3	①	②	③	④
4	①	②	③	④
5	①	②	③	④
6	①	②	③	④

問題 4

問	①	②	③
例	①	②	●
1	①	②	③
2	①	②	③
3	①	②	③
4	①	②	③
5	①	②	③
6	①	②	③
7	①	②	③
8	①	②	③
9	①	②	③
10	①	②	③
11	①	②	③
12	①	②	③
13	①	②	③
14	①	②	③

問題 5

問		①	②	③	④
1		①	②	③	④
2		①	②	③	④
3	(1)	①	②	③	④
	(2)	①	②	③	④